MARCO✴POLO

ÖSTERREICH

Reisen mit Insider Tipps

> Der österreichische Schlendrian ist eine gute Antwort auf unsere immer hektischer werdende Zeit. Und außerdem ist Österreich einfach schön!
>
> *MARCO POLO Insiderin*
> *Anita Ericson*
>
> (siehe S. 134)

W0171971

Weitere MARCO POLO Titel:
Kärnten, Salzburger Land, Tirol

Spezielle News, Lesermeinungen und Angebote zu Österreich:
www.marcopolo.de/oesterreich

ÖSTERREICH

> SYMBOLE

MARCO POLO INSIDER-TIPPS
Von unseren Autoren für Sie entdeckt

MARCO POLO HIGHLIGHTS
Alles, was Sie in Österreich kennen sollten

SCHÖNE AUSSICHT

WLAN-HOTSPOT

HIER TRIFFT SICH DIE SZENE

> PREISKATEGORIEN

HOTELS
€€€   über 130 Euro
€€   90–130 Euro
€   bis 90 Euro
Die Preise gelten pro Nacht für zwei Personen im Doppel-zimmer mit Frühstück

RESTAURANTS
€€€   über 20 Euro
€€   12–20 Euro
€   bis 12 Euro
Die Preise gelten für ein durchschnittliches Hauptgericht ohne Getränk

> KARTEN

[118 A1] Seitenzahlen und Koordinaten für den Reiseatlas Österreich
[U A1] Koordinaten für die Wien-Karte im hinteren Umschlag
[0] außerhalb des Kartenausschnitts

Zu Ihrer Orientierung sind auch die Objekte mit Koordinaten versehen, die nicht im Reiseatlas eingetragen sind

den schon von Kelten bewohnten Dürrnberg, wo der Eingang zum Schaubergwerk ist. Beim *Hohlwegwirt* wird solide gekocht *(So-abends, Mo geschl. | Salzburger Str. 84 | Tel. 06245/82 41 50 | €€). 20 km entfernt*

KRIMMLER WASSERFÄLLE ⭐ [124 C3]

Imposant stürzen die Fälle im Krimmler Achental, die aus 17 Gletscherbächen gespeist werden, aus 300 m Höhe in drei Stufen herab. Am Fuß der Fälle lockt die *Wasser-Wunder-Welt,* wo mit neuester Technik alles rund ums Wasser gezeigt wird: Wo es herkommt, wozu wir es verwenden etc. *(Mai–Okt. tgl. 9.30 bis 17 Uhr | 7 Euro). 140 km entfernt*

MITTERSILL [124–125 C-D3]

Das *Neue Zentrum des Nationalparks Hohe Tauern* bietet eine gute Ausstellung zu den Hohen Tauern *(tgl. 9–18 Uhr | Eintritt 8 Euro | www.nationalparkzentrum.at). 120 km entfernt*

WERFEN [125 E2]

Bekannt ist der Marktflecken wegen der mächtigen Festung und als Ausgangspunkt zur *Eisriesenwelt,* der größten Eishöhle der Welt *(tgl. 9 bis 15.30 Uhr).* Zum Hotel *Obauer* gehört ein mehrfach ausgezeichnetes Restaurant *(14 Zi. | Markt 46 | Tel. 06468/521 20 | www.obauer.com | €€€). 48 km entfernt*

ZELL AM SEE [125 D3]

Die Stadt am gleichnamigen See liegt umrahmt von Bergen, im Südwesten geht der Blick zum Kitzsteinhorn. Die *Schmittenhöhe* (Seilbahn auf 1968 m) ist Startpunkt für Höhenwanderungen und der Hausberg zum Skifahren. Auf dem See können Sie Wassersport treiben und im neuen *Tauernspa Kaprun* in die Wellnesswelt abtauchen *(www.tauernspakaprun.com).* Stylish wohnen Sie im *Hotel Mavida (47 Zi. | Kirchenweg 11 | Tel. 06542/54 10 | www.mavida.at | €€€).* Hinter Zell beginnt schon bald die mautpflichtige *Großglockner Hochalpenstraße (www.grossglockner.at),* die nach Heiligenblut in Kärnten führt. Der Blick auf den Gletscher Pasterze lässt die kurvige Anfahrt vergessen. *100 km entfernt*

> DIE KUGEL ROLLT

Bei der Mozartkugel kommt es auf die Hülle an

Der Name bringt das Geschäft, weniger der Inhalt, denn es gibt Patisseriekreationen von größerer Raffinesse als den mit Nougat überzogenen Kern aus Pistazienmarzipan. Es geht um die Mozartkugel, die 1890 vom Konditormeister Paul Fürst erfunden und ursprünglich Mozart-Bonbon genannt wurde. Nachdem er sie 1905 auf der Pariser Gewerbeausstellung präsentiert hatte, fand er bald Nachahmer wie den Salzburger Konditormeister Schatz, der ihr den heutigen Namen gab. Nach juristischem Streit um die Urheberschaft wurde festgelegt, dass Fürst der alleinige Anspruch zustehe, „echte Salzburger Mozartkugeln" anzubieten. Das Erkennungszeichen der handgemachten Kugeln ist die Verpackung in silbernem Stanniol mit blauem Aufdruck.

> LAND IM GEBIRGE UND'S LÄNDLE IM WESTEN

Mehr noch als das von hohen Bergen und tiefen Tälern geprägte
Tirol fährt Vorarlberg einen eigenen Kurs

> In Tirol regieren die Berge. Nur zwölf Prozent der gesamten Landesfläche (12 650 km²) sind nutzbares Land. Zum Vergleich: Die anbaubare Fläche entspricht damit nur etwa der doppelten Größe Hamburgs. Alles andere sind Wald-, hochalpine und Gletscherregionen.

Mit 675 000 Einwohnern ist Tirol das drittgrößte Bundesland, wobei damit in den meisten Fällen nur Nordtirol gemeint ist. Seit der Abtrennung Südtirols im Jahr 1919 gibt es keine gemeinsame Grenze mehr zwischen Nord- und Osttirol. Wo hohe Berge sind, gibt es tiefe und lange Täler. Vor allem die südlich vom Inntal gelegenen Täler wie das Ötztal, Stubaital, Pitztal und Samnauntal sind im Winter schneesichere Skigebiete und im Sommer phantastische Reviere für Wanderer, Kletterer und Biker. Die Gegend am Wilden Kaiser ist eine ausgesprochen familienfreundliche Region, ebenso das Mieminger Pla-

Bild: Bregenz am Bodensee, Seilbahn auf den Pfänder

TIROL/ VORARLBERG

teau, während die Zugspitzarena Sportlerherzen höherschlagen lässt. Nordtirol mag an manchen Orten hin und wieder ein bisschen zu laut und zu grell sein. Wer die Ruhe sucht, zieht sich in die Osttiroler Täler zurück, wo die Rede von der Entschleunigung oftmals nicht verstanden wird, weil Schnelligkeit hier keinen Wert an sich darstellt. Nähere Informationen finden Sie im MARCO POLO Band „Tirol".

Vorarlberg ist mit 2600 km² das kleinste der österreichischen Bundesländer, und es ist anders, was Sprache und Kultur betrifft. Das Land zwischen Bodensee, Bregenzerwald und dem Arlberg gehört dem alemannischen Sprach- und Kulturraum an und wollte deshalb nach dem Zusammenbruch der Monarchie auch zur Schweiz, was diese zu verhindern wusste. Den Vorarlbergern wird ein gewisser Sinn fürs Praktische nachgesagt, was sich besonders auch in der Architektur des Landes niederschlägt. Kaum sonst in Österreich gibt es Bauten, die Ästhetik und Zweckhaftigkeit so schön vereinen. Im Osten bildet der Arlberg, eine wichtige Passverbindung, die Grenze zu Tirol und aus Sicht der Vorarlberger zum

als gelungenes Beispiel der auf Sachlichkeit ausgerichteten modernen Architektur. Die schon zur Keltenzeit befestigte Siedlung Brigantium wurde von den Römern übernommen und ausgebaut. Heute ist Bregenz mit 28 000 Einwohnern die zweitkleinste der Landeshauptstädte.

Funktional und puristisch: das neue Kunsthaus Bregenz

Rest von Österreich. Der Arlberg stellt eine Wasserscheide zwischen Rhein und Donau dar und gilt als Wiege des Skisports in Österreich.

BREGENZ

[122 A2] Die imposante Lage am Bodensee und die Festspiele mit der spektakulären Seebühne stellen die Stadt jeden Sommer ins Rampenlicht. Neben dem Kunsthaus gilt der Erweiterungsbau des Festspiel- und Kongresshauses

■ SEHENSWERTES ■

KUNSTHAUS BREGENZ ▶▶

Das vom Schweizer Architekten Peter Zumthor geschaffene neue Wahrzeichen besticht innen wie außen durch konsequente Architektur und zeigt sich abends als Leuchtwürfel. Wechselausstellungen und eine Sammlung zeitgenössischer österreichischer Malerei und Skulptur u. a. mit Werken von Kogler, Wurm, West und Zobernig. *Di–So 10–18, Do 10–21 Uhr | Eintritt 8 Euro | Karl-Tizian-Platz*

> *www.marcopolo.de/oesterreich*

PFÄNDERBAHN

Die Panoramagondel bringt Sie in 6 Min. vom Stadtzentrum auf 1064 m Höhe. Von hier hat man einen einzigartigen Blick auf den Bodensee und 240 Alpengipfel. An der Bergstation lohnen *Alpenwildpark* und *Adlerwarte* mit Greifvogel-Flugschau den Besuch. *Tgl. 8–19 Uhr | Berg- und Talfahrt 10,80 Euro | Steinbruchgasse 4 | www.pfaenderbahn.at*

■ ESSEN & TRINKEN

Insider Tipp

MAURACHBUND
Gutes, bodenständiges Essen in gemütlicher Atmosphäre, Gastgarten in romantischer Laube. *Sa, Fei geschl. | Maurachgasse 11 | Tel. 05574/450 43 | www.maurachbund.com | €€*

NEUBECK
In dem geschmackssicher gestylten Restaurant überzeugt eine kreative, multikulturelle Küche, die abends nicht ganz billig ist, dafür günstige Mittagskarte im Bistro. *So/Mo geschl. | Anton-Schneider-Str. 5 | Tel. 05574/436 09 | www.neubeck.at | €€–€€€*

■ ÜBERNACHTEN

BRIGANTIUM FERIENWOHNUNGEN
Zentrumsnah und ruhig gelegen. Die sechs Wohnungen sind sehr gemütlich eingerichtet. *Merbodgasse 6–8 | Tel. 0699/11 84 01 27 | www.tiscover.at/brigantium | €*

GOURMETHOTEL DEURING SCHLÖSSLE
Die Zimmer und Suiten sind alle individuell gestaltet – mit Stuckdecken und Antiquitäten oder mit edlen Designermöbeln. Exklusives Hotel mit ebensolcher Küche. *13 Zi. | Ehre-Guta-Platz 4 | Tel. 05574/478 00 | www.deuring-schloessle.at | €€€*

■ EINKAUFEN

Regionale bäuerliche Produkte und heimische Spezialitäten gibt es auf dem *Bauernmarkt (Fr 8–12 Uhr)* und auf dem *Wochenmarkt (Di, Fr 8–13 Uhr)* in der Kaiserstraße. *Fredis Käselädle* ist das höchstdekorierte Käsefeinkostgeschäft Europas *(Deuringstr. 9)*.

■ AM ABEND

Während der Festspielzeit (Juli/August) bietet die Uferpromenade Unterhaltung für jedes Alter und jeden Geschmack. Im *s'Finanzamt* trifft man sich das ganze Jahr über *(tgl | Brielgasse 21)*, und das *Calypso (Mo/Di geschl. | Bahnhofstr. 14)* ist eine beliebte Disko.

MARCO POLO HIGHLIGHTS

★ **Bregenzerwald**
Herrlicher Wald und Eldorado für Käsekenner (Seite 86)

★ **Goldenes Dachl**
Innsbrucks Wahrzeichen trägt 2657 feuervergoldete Kupferschindeln (Seite 89)

★ **Hungerburgbahn**
Innsbrucks ultramoderne Standseilbahn zwischen Congresszentrum und Hungerburg (Seite 89)

★ **Villgratental**
Usprüngliches Tal in dem das ländliche Leben seinen Lauf nimmt (Seite 96)

■ AUSKUNFT ■■■■■■■

TOURISTENINFORMATION
Rathausstr. 35 | 6900 Bregenz | Tel. 05574/495 90 | Tel. 434 43 (Zimmerreservierung) | www.bregenz.ws

■ ZIELE IN DER UMGEBUNG ■

ARLBERG   [122 C4]

Als Passübergang (1792 m) hat der Arlberg eine wechselvolle Geschichte hinter sich, die mit der Eröffnung des 14 km langen Straßentunnels 1978 besiegelt wurde. Berühmt ist der Arlberg für sein mondänes Skigebiet mit den Orten *Lech* und *Zürs*, wo sich auch der Hochadel auf den Pisten zeigt. Das erste Haus am Platz ist der *Gasthof Post* in Lech, ein deutliches Understatement: Promis aus aller Welt genießen den familiären 5-Sterne-Hotelkomfort *(48 Zi. | Tel. 05583/*

220 60 | www.postlech.com | €€€). Ca. 90 km entfernt

BREGENZERWALD ⭐   [122 B2–3]

Weiden und Wiesen durchsetzen eine herrliche Waldlandschaft, die zwar in Bergspitzen jenseits der 2000-m-Marke gipfelt, aber dennoch eher von sanftem Charakter ist. Typisch ist die Holzarchitektur, die das gesamte Haus von der Fassade bis zum Dach umfasst – sie verleiht den Orten einen heimeligen Charakter. Das Besondere am Bregenzerwald ist die gelungene Symbiose aus Tradition, moderner Architektur – der überlieferte Werkstoff Holz wird belebt mit Glas – und hoher Kultur, deren prominenteste Veranstaltungsreihe die *Schubertiade* in Schwarzenberg und Hohenems ist *(www.schubertiade.at)*. Gourmets erkunden den Bregenzerwald entlang der *Käsestraße (www.kaesestrasse. at)*, die Besichtigungen bäuerlicher Betriebe, Verkostungen edler Produkte und bunte Veranstaltungen rund um Kuh und Käse bietet. Als „Hotel in Holz" empfiehlt sich das *Hotel Krone* `Insider Tipp` in Au *(67 Zi. | Au | Tel. 05515/220 10 | www.kroneau.at | €€€). www.bregenzerwald.at | ca. 30 km entfernt*

DORNBIRN   [122 A2]

Wer einkaufen will, fährt nach Dornbirn. In der Messestadt, die mit 45 400 Einwohnern auch die größte Stadt des Landes ist, gibt es allein im Zentrum über 200 Geschäfte. Eine ganz andere Welt wird in der *Inatura-Erlebnisschau* `Insider Tipp` gezeigt. Hier bekommen die Besucher spannende Einblicke in das Geschehen der Natur *(tgl. 10–18 Uhr | Eintritt 9,50 Euro | Jahngasse 9 | www.inatura.at)*. Ein modernes Hotel mit dem Charme eines alten Wirtshauses ist das  *Hotel Hirschen*. Die Zimmer sind bunt und fröhlich eingerichtet und dennoch kitschfrei. Im Wellnessbereich Sauna unterm Sternenhimmel *(55 Zi. | Haselstauderstr. 31 | Tel. 05572/263 63 | www.hotel-hirschen.at | €€). 13 km entfernt*

Park | www.roesslepark.at | €€). 38 km entfernt*

MONTAFON [122 B4]

Das über 30 km lange Tal zwischen Bludenz und Partenen ist eine der weitläufigsten Wander- und Skiregionen in den Alpen, eingebettet zwi-

Ideal zum Wandern: Bregenzerwald im Herbst

FELDKIRCH [122 A3]

Die älteste Stadt des Landes liegt unmittelbar an der Grenze zu Liechtenstein und bezaubert durch ihren mittelalterlichen Charakter. Überthront von der Schattenburg aus dem 12. Jh., reihen sich Patrizierhäuser, Kirchen und von Laubengängen gesäumte Plätze aneinander. Wer vom vielen Schauen hungrig geworden ist, geht in die *Braugaststätte Rösslepark,* die eigenes Bier, passende deftige Speisen und ein kontrastierendes modernes Ambiente bietet *(tgl. | Rössle*

schen der Silvrettagruppe im Süden, dem Verwall im Nordosten und dem Rätikon im Nordwesten. Eine besondere Herausforderung stellt die *Europa-Treppe* in Partenen dar: 4000 Stufen, eine Höhendifferenz von 700 m und eine maximale Steigung von über 80 Prozent: als „Fitnessgerät" beliebt bei Profi- wie ehrgeizigen Hobbysportlern *(www.montafon.at).* Ein gelungener Mix aus gemütlichem Landhausstil und modernem Chic erwartet Gäste im  *Hotel Bradabella (16 Zi. | Gargellen 55 | Tel. 05557/*

21 42 | www.bradabella.at | €€).
60 km entfernt

RANKWEIL [122 A3]

Mitten in der Stadt und weithin sichtbar steht auf dem Liebfrauenberg die *Basilika Unsere liebe Frau.* Die Wallfahrtskirche wurde 1470–1510 mit einer hohen Wehrmauer samt Umlauf ausgestattet. Das Herzstück der Kirche, die Loretokapelle, beherbergt ein Marien-Gnadenbild aus Lindenholz von Hans Rueland. Vom 🌿 Wehrgang bietet sich ein phantastischer Rundblick über das obere Rheintal. Gut und preiswert essen kann man im *Schwarzen Adler (Mo sowie Di–Fr mittags geschl. | Ringstr. 3 | Tel. 05522/443 19 | €–€€). 31 km entfernt*

INNSBRUCK

[124 A3] Die Berge haben den zweimaligen Austragungsort der Olympischen Winterspiele fest im Griff. Patscherkofel und Nordkette gehören zum Stadtbild, das Karwendelgebirge im Norden sowie die Stubaier und Tuxer Alpen im Süden runden

die Kulisse ab. Im spannenden Kontrast dazu stehen die stolzen Bürgerhäuser mit reich verzierten Fassaden, die beschaulichen Laubengänge und verwinkelten Gassen in der Fußgängerzone rund um das Goldene Dachl. Die Nähe zu Italien ist deutlich zu spüren. Das Stadtrecht wurde Innsbruck um 1200 verliehen, Tirols Hauptstadt ist es seit 1849. Heute leben in der Universitäts- und Kongressstadt 120000 Menschen, die zum Großteil in Dienstleistungs- und Hightech-Unternehmen arbeiten.

■ SEHENSWERTES

ALPENZOO

Die 2000 artgerecht gehaltenen Tiere kommen ausschließlich aus dem europäischen Alpenraum, auch wenn sie zum Teil heute hier nicht mehr beheimatet sind wie Elch oder Wisent. Der Alpenzoo betreibt erfolgreiche Nachzucht- und Wiederansiedelungsprojekte. Darüberhinaus ist ein Schaubauernhof eingerichtet, der gefährdete Nutztierrassen aus der Region beherbergt. *Tgl. 9–17, April bis Okt. bis 18 Uhr | Eintritt 8 Euro | Weiherburggasse 37 | www.alpenzoo.at*

BERGISEL-STADION 🌿

Der Berg ist als Hauptschauplatz der Tiroler Freiheitskämpfe unter Andreas Hofer geschichtsträchtig, die Sprungschanze spektakulär. Das Zentrum der 2002 von der britischen Architektin Zaha Hadid neu gebauten Anlage ist der Turm, auf dessen Plattform man 250 m über der Stadt steht und ein grandioses Panorama genießt. *Tgl. 10–17, Juni–Okt. 9–18 Uhr | Eintritt 8,50 Euro*

Berühmter Erker: Goldenes Dachl

FERDINANDEUM

Hier wird gezeigt, was Kunst und Kultur des Landes Tirol ausmachen. Sammlungen aus Ur- und Frühgeschichte sowie aus der Römerzeit werden durch beachtliche Gemäldesammlungen mit Werken der europäischen Klassik und Moderne von Rembrandt bis Wotruba ergänzt. Bedeutend ist auch die spätgotische Sammlung. *Di–So 10–18 Uhr | Eintritt 8 Euro | Museumstr. 15*

GOLDENES DACHL ⭐

Der wohl bekannteste Erker der Welt, der 1500 fertiggestellt wurde, ist mit 2657 feuervergoldeten Kupferschindeln gedeckt. Von innen ist der Erker nur in Kombination mit dem *Maximilianeum*, der Schatzkammer Kaiser Maximilians, zu besichtigen. *Mai bis Sept. tgl. 10–17, Okt.–April Di–So 10–17 Uhr | Eintritt 4 Euro | Herzog-Friedrich-Str. 15*

HOFKIRCHE

28 überlebensgroße Bronzestatuen – im Volksmund „schwarze Mander" (Männer) genannt – bewachen den Kentograph (das leere Grab) Kaiser Maximilians, dessen sterbliche Hülle in Wiener Neustadt bestattet ist. Tatsächlich begraben liegt hier der Tiroler Freiheitskämpfer Andreas Hofer. Die *Silberne Kapelle* birgt die marmornen Wandnischengräber von Erzerhog Ferdinand II. und seiner ersten Gemahlin Philippine Welser. *Mo–Sa 9–18, So 12.30 bis 18 Uhr | Eintritt 4 Euro | Universitätsstr. 2*

HUNGERBURGBAHN ⭐

Die ultramoderne Standseilbahn, die ebenfalls von Zaha Hadid, der Archi-

Talstation der Hungerburgbahn

tektin des Bergisel-Turms, geplant wurde, führt von der Station Congress Innsbruck über Löwenhaus und Alpenzoo zur *Hungerburg* und legt dabei 1843 m bei einem Höhenunterschied von 288 m zurück. Nach dem Umstieg in die Nordbahn gelangt man in wenigen Minuten vom Stadtzentrum auf eine Höhe von 2256 m. *Mo–Fr 7–19.30, Sa/So 8–19.30 Uhr Uhr | Hin- und Rückfahrt 6,80 Euro*

SCHLOSS AMBRAS

Von Erzherzog Ferdinand II. auf einem exponierten Felsen am Innsbrucker Stadtrand erbautes Renaissanceschloss. Glanzpunkte sind neben der Porträtgalerie die Kunst-, Wunder- und Rüstkammern und der 43 m lange Spanische Saal. Eine Dauerausstellung ist Philippine Welser, Ferdinands erster Frau, gewidmet, von der ein Kochbuch – eines der wenigen aus dem Mittelalter – erhalten geblieben ist. *Tgl. 10–17, Aug. bis 18 Uhr | Eintritt 10 Euro,*

Münzturm in Hall bei Innsbruck

Dez.–März 7 Euro, da Porträtgalerie und Grafiksammlung dann geschl. | Schlossstr. 20

ESSEN & TRINKEN

CAFÉ LICHTBLICK

Das Café im 7. Stock des neuen Rathauses bietet neben einer tollen Aussicht auf die Alpen leichte Küche und eine angenehm entspannte Atmo-

sphäre. *So geschl. | Maria-Theresien-Str. 18 | Tel. 0512/56 65 50 | www.res taurant-lichtblick.at | €€*

CAMMERLANDER

Hier wird multikulturell gekocht: Gerichte der Wiener Küche, europäische Spezialitäten und Fernöstliches. Nicht alles glückt, aber das Preis-Leistungs-Verhältnis stimmt. *Tgl. | Innrain 2 | Tel. 0512/58 63 98 | www.cammerlan der.at | €–€€*

EINKAUFEN

Als gute Adresse für Trachtenmode und Dekorstoffe gilt das *Tiroler Heimatwerk (Meraner Str. 2)* Hochprozentiges und kulinarische Leckereien sind im *Culinarium Altstadt* in großer Auswahl zu haben *(Pfarrgasse 1).* Im *Swarovski-Shop (Herzog-Friedrich-Str. 39)* gibt's Glitzerndes und Funkelndes von Strass bis Kristall.

ÜBERNACHTEN

BINDERS

Das renovierte Haus aus den 1950er-Jahren wurde mit Liebe zum Detail eingerichtet. Zentrale Lage, ruhige Hofseite, Tiefgarage. *50 Zi. | Dr.-Glatz-Str. 20 | Tel. 0512/334 36 | www.binders.at | €*

THE PENZ

Designhotel in zentraler Lage mit cooler Bar und großer Terrasse im 5. Stock, wo sich mit Fernsicht grandios frühstücken lässt. *94 Zi. | Adolf-Pichler-Platz 3 | Tel. 0512/575 65 70 | www.thepenz.com | €€€*

AM ABEND

In der Altstadt fährt die kleine *American Bar Ebi's (So/Mo geschl. | Adolf-*

Pichler-Platz 4) ein umfangreiches Wein- und Cocktailangebot auf, im *Hudelist (So/Mo geschl. | Seilergasse 5)* ist Livejazz zu hören, und das ▶▶ *Stadtcafé (Universitätsstr. 1)* ruft Mi–Sa jeden Abend zur Party, am Mittwoch z. B. zur „Noche del Salsa“.

SPORT & FREIZEIT

5 Minuten von der Bergstation der Patscherkofel-Bahn entfernt gibt es einen botanischen *Alpengarten*, und auf dem *Zirbenweg* in Richtung Hall durchquert man auf 2000 m Höhe den größten geschlossenen Zirbelkiefernbestand der Ostalpen. Von der Bergstation der Nordkettenbahn führt ein Panoramaklettersteig über sieben Gipfel. Trittsicherheit ist Voraussetzung. Kultcharakter hat die ▶▶ Insider Tipp Freeski- und Snowboarderszene auf dem *Hafelekar*.

AUSKUNFT

INNSBRUCK TOURISMUS

Burggraben 3 | Tel. 0512/598 51 07 | www.innsbruck.info

ZIELE IN DER UMGEBUNG

HALL [124 A3]

Die einstige Salinenstadt, die von einem 45 m hohen Münzturm überragt wird, war schon im Mittelalter ein Umschlagplatz für Salz und Getreide. Das von Harmonie geprägte Altstadtensemble könnte als Stadtteil von Innsbruck gesehen werden, hätte der Ort nicht schon 1303 das Stadtrecht erhalten. 1486 wurde hier die erste große Silbermünze der Welt geprägt. Die *Münze Hall* präsentiert europäische Münzgeschichte. Als Highlights sind eine einzigartige Walzenprägemaschine, der erste Taler sowie der größte Silbertaler der Welt zu sehen. Spannend der *Erlebnisturm* mit Licht und Geräuschen *(März–Okt. Di–So, Nov.–Jan. Di–Sa 10–17 Uhr | Kombiticket Münze und Turm 8 Euro | www.muenze-hall.at)*. Zum Übernachten bietet sich das *Parkhotel Hall* an *(59 Zi. | Thurnfeldgasse 1 | Tel. 05223/537 69 | Fax 546 53 | www.parkhotel-hall.at | €€)*. *11 km entfernt*

ÖTZTAL [123 E3–5]

Das nach seinem Hauptort *Oetz* (820 m) benannte Tal ist mit 65 km das längste Seitental des Inns. Es führt bis in die mondkraterartig anmutenden Gipfelregionen rund um Hochgurgl, Obergurgl und um das Timmelsjoch (2509 m), wo die Wildspitze herüberwinkt, mit 3768 m Tirols höchster Berg. Während das milde Klima in Oetz eine üppige Vegetation ermöglicht, dreht sich in *Sölden* (1377 m) alles um Schnee- und Skizauber. Im Luftkurort *Längenfeld* (1173 m) steht die *Tirol Therme Aqua Dome*, eine hochmoderne Thermal- und Wellnessanlage *(tgl. 9–23 Uhr | Eintritt für 3 Std. Mo–Fr 16,50, Sa/So 19 Euro)*. Ein gelungenes Beispiel an Holzarchitektur stellt das *Naturhotel Waldklause* dar *(50 Zi. | Unterlängenfeld 190 | Tel. 05253/54 55 | www.waldklause.at | €€)*. *50 km entfernt*

SEEFELD [123 E3]

Im Land der vielen Täler werden Gegenden wie das Seefelder Plateau als besonders wohltuend empfunden. Hier, zwischen Scharnitz und Zirl, sind die Berge, die Spitzen und Flanken des Karwendel- und Wettersteingebirges, Kulisse und nicht Hauptakteure. Neben einer 18-Loch-Golfanlage *(www.seefeldgolf.com)* locken ein weit verzweigtes Wandernetz im *Alpenpark Karwendel (www.karwendel.org)* und im Winter traumhaft schöne Loipen. Gute Tiroler Küche gibt es im *Gasthaus Triendlsäge (Mi geschl. | Tel. 05212/25 80 | €–€€). 23 km entfernt*

SERFAUS [123 D4]

Das Dorf liegt 1400 m hoch auf einem nach Süden ausgerichteten Plateau, das mit viel Sonne verwöhnt wird. Damit Autos nicht stören, wurden sie aus dem Ort verbannt, und unter der Dorfstraße verläuft eine U-Bahn, die Sie gratis benutzen dürfen. Gemeinsam mit Ladis und Fiss hat Serfaus eine rätoromanische Vergangenheit, wie die Fassaden vieler Bauernhäuser zeigen. Es gibt familienfreundliche Angebote, ausgedehnte Routen zum Wandern, Nordic Walken und Biken sowie jede Menge Fun-Sport im Winter. Im *Hotel Geiger* haben Sie die Wahl zwischen dem rätoromanischen Gästehaus und einer modernen Dependance *(16 Zi. | Tel. 05476/62 66 | www.hotel-geiger.at | Untergasse 8 | €€). 94 km entfernt*

Der grüne Riese speit Wasser für die Swarovski-Kristallwelten in Wattens

STUBAITAL [123 F4]

Wer es gemütlich angehen will, setzt sich am Innsbrucker Hauptbahnhof in die Straßenbahn, genießt die Berglandschaft, überwindet ca. 400 Höhenmeter und steigt 40 Min. später in *Fulpmes* aus, um von der Macht der Dreitausender überwältigt zu werden. Im weitläufigsten Seitental des Wipptals bieten die Berge zwischen Gletscherskilauf und Nordic Walking alles und für jedes Alter etwas. Heimelige Zimmer, z.T. mit schöner Aussicht, findet man im *Capella Natura Vitalis Hotel* in Neustift *(26 Zi. | Tel. 05226/25 15 | www. hotel-cappella.com | €€). 23 km entfernt*

WATTENS [124 A3]

Die vom Multitalent André Heller geschaffenen *Swarovski-Kristallwelten* gleichen einer unterirdischen Symphonie aus Zauberwelt und Wunderkammern, Licht- und Klangdomen, Märchen und Fabeln. Ein Shuttlebus fährt viermal täglich *(ab 9 Uhr alle 2 Std. ab Hauptbahnhof)* von Innsbruck ins 19 km entfernte Wattens *(8,50 Euro, Kinder bis 12 J. frei, mit Innsbruck-Card kostenlos). Tgl. 9–18.30 Uhr | Eintritt 9,50 Euro |*

*Kristallweltenstr. 1 | www.kristallwel
ten.swarovski.com*

KITZBÜHEL

**[124 C2] Als Austragungsort des welt-
berühmten Hahnenkammrennens ist Kitzbühel (8200 Ew.) zumindest jedem Skifan**
vom Bergbau in der Bronzezeit bis
zum „Skiwunder" Toni Sailer. Im
obersten Geschoss sind an die 30
Bilder des Künstlers Alfons Walde
(1891–1958), der in Kitzbühel lebte,
ausgestellt. *Dez.–Ostern Di–Fr; So
14–18, Sa 10–18, Ostern–Okt. Di–Fr
10–13, Sa 10–17, zu Ferienzeiten tgl.*

Kitzbühels weltberühmte Abfahrtsstrecke am Hahnenkamm

bekannt. Das herausgeputzte Städt-
chen zwischen Wildem Kaiser und
Kitzbüheler Alpen zeigt sich im
Sommer wie im Winter stets von der
besten Seite, ist es doch zur zweiten
Heimat vieler Promis, Stars und
Sternchen geworden. Toni Sailer war
hier zu Hause ebenso wie Hansi
Hinterseer, früher Pistenzauberer,
heute Idol der Volksmusik, oder
Franz Beckenbauer es noch sind.

■ SEHENSWERTES ■

MUSEUM KITZBÜHEL

Das umgebaute und erweiterte Museum zeigt die Geschichte der Stadt
*10–17 Uhr | Eintritt 5,60 Euro |
Hinterstadt 32*

STREIF

Am Hahnenkamm liegt die schwie-
rigste Abfahrtsstrecke der Welt: die
Streif. Im Sommer kann man bei einer
ausgeschilderten Wanderung staunen,
dass sich hier winters tatsächlich
jemand runtertraut. Die Auffahrt er-
folgt mit der *Hahnenkammbahn,* Start
der 3,8 km langen Wanderung ist das
Starthaus; der Weg ins Tal überwindet
ca. 900 Höhenmeter und dauert etwa
2,5 Std.; eine Jausenpause bietet sich
auf der Seidlalm an.

KITZBÜHEL

▪ ESSEN & TRINKEN ▪▪▪▪

CHIZZO
Phantasievolle Küche zwischen bodenständig und weltoffen, zwischen tirolerisch und mediterran. *Tgl. | Josef-Herold-Str. 2 | Tel. 05356/ 624 75 | www.chizzo.info | €€*

WIRTSHAUS ZUM REHKITZ
Das schmucke Bauernhaus aus dem 16. Jh. beherbergt ein sehr gut geführtes Wirtshaus, in dem die gehobene österreichische Küche im Vordergrund steht. *Tgl. | Am Rehbühel 30 | Tel. 05356/661 22 | www.rehkitz.at | €€€*

▪ ÜBERNACHTEN ▪▪▪▪

HOTEL ZUR TENNE ▶▶
Mitten im Geschehen, Wand an Wand mit Blut- und Geldadel, lässt es sich in diesem traditionell eleganten Haus sehr gut wohnen. Kamin, Whirlpool oder Dampfbad im Zimmer. *51 Zi. | Vorderstadt 8–10 | Tel. 05356/644 44 | www.hotelzurtenne.com | €€€*

▪ FREIZEIT & SPORT ▪▪▪▪
Neben Skifahren und Golfen können Sie auf einem ausgedehnten Wegenetz gut wandern. Klettersteige unterschiedlicher Schwierigkeitsgrade sind ebenso vorhanden wie ein *Sportpark (www.sportparkkitzbuehel.com)*.

▪ AM ABEND ▪▪▪▪
Die Lichter gehen in „Kitz" nie ganz aus. Entsprechend haben auch die Bars bis in die Morgenstunden geöffnet. Promis aus Film und Sport treffen sich gern in der ▶▶ *Beluna-Bar (Hinterstadt 17)* und im ▶▶ *Flannigans (Jochberger Str. 4)*.

▪ AUSKUNFT ▪▪▪▪

KITZBÜHEL TOURISMUS
Hinterstadt 18 | Tel. 05356/666 60 | www.kitzbuehel.com

▪ ZIELE IN DER UMGEBUNG ▪

ACHENSEE   [124 A2]
Der smaragdgrün schimmernde See liegt auf 1000 m Höhe und erreicht

Imposant thront die Feste Kufstein über der Stadt

nur selten eine Wassertemperatur von mehr als 20 Grad. Ideal für Wind- oder Kitesurfer und Segler. Drachenflieger und Paraglider lieben das Gelände. Im *Landhaus Achental* in Pertisau kümmert sich Familie Stackler liebevoll im die Gäste. Kleiner Wellnessbereich, freie Benutzung des Hallenbads im 150 m entfernten *Haus Alpenblick (11 Zi. | Achenkirch 114 | Tel. 05243/53 57 | www.landhausachental.at | €). 82 km entfernt*

ELLMAU [124 C2]

Der ideale Urlaubsort für die ganze Familie liegt eingebettet zwischen den sanften Hügeln der Kitzbüheler Alpen und den schroffen Wänden des Wilden Kaisers. Eine Bergbahn führt auf den 1550 m hohen *Hartkaiser* oder *Hartkaser (Berg- und Talfahrt 15 Euro | www.bergbahnen-ellmaugoing.at).* Der Erlebnispark *Ellmis Zauberwelt* an der Bergstation lädt Erwachsene am Almweg ein, vergangene Rituale zu entdecken, und bietet Kindern einen riesigen Spielpark mit Koboldwiese (Eintritt im Bahnticket enthalten). Empfehlenswert: 🔊 *Landhotel Föhrenhof (19 Zi., Auwald 61 | Tel. 05358/22 89 | www.foehrenhofellmau.at | €–€€). 19 km entfernt*

KUFSTEIN [124 C2]

Wer über die Inntal-Autobahn nach Tirol einreist, sieht die 🌿 *Feste Kufstein* schon von weitem über dem Ort (17000 Ew.) thronen. Die imposante Festung geht auf das Jahr 1205 zurück. Mit einem Areal von 26000 m² ist sie größer als die Altstadt Kufsteins. Faszinierend ist die Aussicht über die Stadt und das Inntal. Täglich um die Mittagszeit ertönt die erste Freiluftorgel der Welt mit 46 Registern und 4307 Pfeifen *(April–Okt. tgl. 9–17, Nov.–März 10–16 Uhr | Eintritt 9,90 Euro). 37 km entfernt*

THIERSEE [124 B2]

Die malerische Region um den Thiersee bietet sich als Wandergebiet an. In der Margarethenkirche in Thiersee werden seit 1799 die neben Oberammergau berühmtesten Passionsspiele (alle 6 Jahre: 2011, 2017 etc.) aufgeführt *(www.passionsspiele.thiersee.at).* Das *Hotel Sonnhof* hat sich der indischen Heilkunst Ayurveda verschrieben *(48 Zi. | Hinterthiersee 16 | Tel. 05376/55 02 | www.hotelsonnhof.info | €€€). 43 km entfernt*

ZILLERTAL [124 B3–4]

Das 30 km lange Tal hat all das zu bieten, was Tirol als beliebtes Ferienland ausmacht: grüne Wiesen im Sommer, sanft ansteigende Berghänge und malerische Ortschaften, während es sich im oberen Teil zu einem beeindruckenden Hochgebirgstal entwickelt. Bergsichere Autofahrer sind von der 🌿 *Zillertaler Höhenstraße* mit entsprechenden Steigungen und phantastischen Ausblicken begeistert. Im Winter ist die auf 2147 m Höhe gelegene *Kristallhütte* in Hochfügen der Hit unter den Skihütten *(Mitte Juli–Okt. nur Do–So geöffnet | Tel. 0676/88 63 24 00 | www.kristallhuette.at | €€).66 km entfernt*

LIENZ

[125 D5] **Die Hauptstadt (12 000 Ew.) Osttirols liegt am Zusammenfluss von Drau und Isel und ist ein wahres „Schmuck-**

kästchen in einer vor allem bergigen und waldreichen Gegend". Diese Charakterisierung aus dem 15. Jh. hat nach wie vor Gültigkeit. Stolze Bürgerhäuser säumen den Hauptplatz, der zu jeder Jahreszeit charmant und einladend wirkt.

■ SEHENSWERTES

MUSEUM DER STADT LIENZ

Im Schloss Bruck sind kultur- und kunsthistorische Gustostückerl sowie die bedeutendste Sammlung an Werken von Albin Egger-Lienz, einem der berühmtesten Söhne der Stadt, zu sehen. *Mitte Mai–Mitte Sept. tgl. 10 bis 18, Mitte Sept.–Mitte Okt. Di–So 10–16 Uhr | Eintritt 7,50 Euro | Schlossberg 1*

■ ESSEN & TRINKEN

FALKENSTEIN

Braugasthof am Stadtrand Richtung Sillian mit hauseigenem Bier und regionaler Küche. *Tgl. | Pustertaler Str. 40 | Tel. 04852/622 70 | €*

■ ÜBERNACHTEN

ALTSTADTHOTEL ECK

Kleines Haus am Hauptplatz. Nicht aufregend, aber gemütlich. *9 Zi. | Tel. 04852/647 85 | www.tiscover.at/alt stadthotel.eck | €*

■ EINKAUFEN

Auf dem *Bauernmarkt* gibt es u.a. hausgebrannten Preglerschnaps. *Fr 14–18, Sa 8.30–12.30 Uhr | Messinggasse*

■ FREIZEIT & SPORT

Rund um Lienz gibt es wunderschöne Wanderwege und nach Schwierigkeitsgraden differenzierte Rad- und Mountainbikerouten. Wer Spaß am Wildwasser hat, kommt bei Rafting, Kanu, Kajak und Canyoning auf seine Kosten. *Info Outdoor Camp Osttirol | Ainet | Tel. 0664/356 04 50 | www.ost tirol-adventures.at*

■ AUSKUNFT

OSTTIROL WERBUNG

Albin-Egger-Str. 17 | Tel. 050/ 21 22 12 | www.osttirol.com

■ ZIELE IN DER UMGEBUNG

AGUNTUM [125 D–E5]

Die römischen Ausgrabungen zeugen von einer frühen antiken Siedlung, die im 5. Jh. von Hunnen in Schutt und Asche gelegt und seit dem 18. Jh. wieder freigelegt wurde. Das archäologische Museum *aguntum vita romana* zeigt Fundstücke *(Juni–Mitte Sept. tgl. 9.30–18, Mitte Sept.–Okt. 9.30–16, April/Mai Mo–Sa 9.30–16 Uhr | Eintritt 5 Euro). 4 km entfernt*

KALS [125 D4]

Die alten Holzhäuser geben dem kleinen Ort am Fuß des Großglockners das idealtypische Aussehen eines Bergdorfes. Im Handwerksladen werden Köstlichkeiten aus der Nationalparkregion Hohe Tauern verkauft. Ein Lehrpfad führt von der Gratzbrücke entlang des Mühlenwegs in den Laworeswald bis ins Gschlöss. Die *Stockmühlen* am Dorferbach werden im Sommer jeden Do *(14–17 Uhr)* in Betrieb genommen. *32 km entfernt*

VILLGRATENTAL ★ [124 C5]

Hier ist die Idylle zu Hause: unverfälschtes Landleben ohne Eingriffe von außen. Das Tal ist eine Sackgasse, auf *Außervillgraten* folgt nach

Von der Plattform aus sind die Grundrisse der römischen Siedlung Aguntum gut zu sehen

vielen Kurven das malerische *Inner-villgraten,* kurz darauf das herzige *Kalkstein* und dann sind da nur noch Berge. Im Villgratental gibt es keine Lifte, obwohl es weder an Hängen noch an Schnee mangelt. „Keine Skischaukel, keine Massen-Gastrono-mieburgen, keine verschrobene Bau-ernhausarchitektur, hinter deren Fas-sade sich Tausende Gästebetten ver-stecken. „Keine Bauern als Liftboys" ist das Motto hier. Wandern, Pilze sammeln, die Seele baumeln lassen. Stimmig nistet man sich im *Ganner-hof* ein, einem uralten Bauernhof mit Kuschelbetten und sensationeller Kü-che *(22 Zi. | Innervillgraten | Tel. 04843/52 40 | www.gannerhof.at | €€).* Die findigen Schetts setzen ganz aufs Schaf und freuen sich über einen Besuch im *Haus Villgrater Natur (Mo–Fr 7.30 bis 12, 13.30–18–30, Sa ab 9/bis 17 Uhr | www.villgrater natur.at). 40 km entfernt*

Insider Tipp

VIRGENTAL [124 C4]
Matrei markiert den Eingang zum wunderschönen Virgental und zum Nationalpark Hohe Tauern. Der Ort liegt an einem alten Saumweg, der von Italien über die Alpen nach Augsburg führte. Im Matreier *Tauern-haus (Tauer 22 | Tel. 04875/88 11 | www.matreier-tauernhaus.com)* kann man sich Tourentipps holen und auch an geführten Wanderungen teilneh-men. Das Highlight des Virgentals sind die *Umbalfälle,* entlang deren tosenden Wassern ein Schaupfad ein-gerichtet ist. Der beginnt hinter Prä-graten in Hinterbichl, für den Spazier-gang benötigt man rund 45 Min. Fußfaule oder Romantiker nehmen fürs erste Stück die Pferdekutsche ab Ströden *(Tel. 04877/53 60).* Kondi-tionsstarke machen nach den Umbal-fällen freilich nicht halt, sondern trekken in die Hohen Tauern, wo zahlreiche Hütten an zwei Höhen-wegen (Lasörling und Venediger) zur Übernachtung laden *(www.vir gentaler-huetten.at).* Eine traumhafte Route führt über die *Clara-* zur *Neuen Reichenberger Hütte* und über die Pebell-Alm wieder retour. *45 km entfernt*

Insider Tipp

> ## ABSEITS AUSGETRETENER WEGE

Entdeckungsreisen in der Obersteiermark und am Neusiedler See mit überraschenden Ein- und Ausblicken

Die Touren sind auf dem hinteren Umschlag und im Reiseatlas grün markiert

1 UNTERWEGS IN DER OBERSTEIERMARK

Die Rundreise führt durch die steirisch-niederösterreichischen Kalkalpen, von Bruck an der Mur bis ins Mariazeller Land. Auf der 155 km langen Strecke geht es durch hübsche Städtchen und verträumte Dörfer, über Pässe und vorbei an einzigartigen Naturschönheiten.

Der Ausgangspunkt ist **Bruck an der Mur**, ein wichtiger Verkehrsknoten-punkt am Zusammenfluss von Mur und Mürz. Die Stadt hatte im Mittelalter große wirtschaftliche Bedeutung, was den Bürgerhäusern am Stadtplatz heute noch anzusehen ist. Das Kornmesserhaus zählt zu Österreichs schönsten Profanbauten, und am Fabriziushaus gefallen besonders die schönen Arkaden. Weiter geht es auf der B1168 km in nordöstlicher Richtung nach **Kapfenberg**. Der Ort wurde um 1240 zum Markt erhoben.

Bild: Almweide bei Krieglach

AUSFLÜGE & TOUREN

Sehenswert sind der Hauptplatz und die zu Anfang des 14. Jhs. erbaute Burg Oberkapfenberg. Nach weiteren 16 km mürzaufwärts erreichen Sie **Kindberg**, ein properes Städtchen, das sich mit dem Titel „schönste Blumenstadt der Steiermark" schmücken darf. Von hier aus geht es weiter bis **Krieglach**, dem Geburtsort Peter Roseggers (1843–1918), der als steirischer Nationaldichter apostrophiert wird. Sein Geburtshaus, der „Vordere

Kluppeneggerhof", liegt auf 1200 m Höhe mitten im Wald. Der Ort galt als wichtiger Rastplatz für Reisende zwischen Wien und Triest, woran die Alte Poststation heute noch erinnert.

Über Langenwang, wo man in den Mürzauen sehr schön wandern kann, geht es nach **Mürzzuschlag**, der letzten Stadt vor der Grenze zu Niederösterreich, dem Semmering. Hier schrieb Johannes Brahms 1884/85 seine 4. Symphonie. Zu besichtigen ist das weltweit größte *Wintersportmuseum (Di–So 10–17 Uhr | Eintritt 5 Euro).* Der 2004 anlässlich des 150-Jahre-Jubiläums der Ghega-Semmeringbahn eröffnete *Südbahn-Kulturbahnhof* dokumentiert als Museum die Geschichte der Südbahn, die seinerzeit von Wien nach Triest führte *(Mai bis Okt. tgl. 10–17, Nov.–April Sa/So 10 bis 16 Uhr | Entritt 6,90 Euro).*

Von Mürzzuschlag führt der Weg in nordwestlicher Richtung auf der B 23 nach **Mürzsteg**. Berühmt geworden als kaiserliches Jagdrevier, erlangte der Ort weltpolitische Bedeutung, als Franz Joseph I. und Zar Nikolaus II. das sogenannte „Mürzsteger Abkommen" aushandelten, das eine Zusammenarbeit von Österreich und Russland am Balkan zur Sicherung des Friedens im europäischen Südosten zum Inhalt hatte. Das ehemalige Jagdschloss dient seit 1947 den österreichischen Bundespräsidenten als Sommersitz und kann nicht besichtigt werden.

Von Mürzsteg geht es zuerst in nördlicher Richtung zum Lahnsattel auf 1006 m mit 16 Prozent Steigung und vorbei an einer imposanten Waldlandschaft mit über 600 Jahre alte Bäumen *(Holzknechtland),* bevor der Weg durch das Halltal mit biologisch interessantem Hochmoor nach Mariazell führt.

Der Wallfahrtsort **Mariazell,** der zu den wichtigsten Pilgerstätten des gesamten Donauraums zählt, wurde 1157 von dem Mönch Magnus, einem Benediktinerpater des Klosters St. Lambrecht, gegründet. Die heutige Gnadenkapelle mit trapezförmigem Grundriss stammt aus dem Jahr 1690.

Von Mariazell führt der Weg in südlicher Richtung auf der B 20 weiter nach **Gusswerk**, einer kleinen Gemeinde inmitten naturbelassener Landschaft, und nach **Gollrad**, einem

kleinen, malerischen Ort am Fuß des Seebergs, wo das seit 1390 bewirtschaftete *Bauerngut Brandhof* besichtigt werden kann. Weiter geht es über den ⚡ Steirischen Seeberg auf 1246 m in Richtung Aflenz, einem heilklimatischen Kurort. Auf halbem Weg dorthin führt ein Abzweig nach Turnau. Den sollten Sie unbedingt nehmen, denn dort gibt es das *Wirtshaus am Pogusch* (1616 m), das für sein Interieur ebenso berühmt ist wie für seine Küche. Das Fleisch kommt aus der eigenen Viehzucht, der Fisch aus dem nahe gelegenen Teich und der Rest aus der Umgebung *(Mo–Mi geschl. | Tel. 03863/20 00 | €€).*

2 WANDERWEG RUND UM DIE LANGE LACKE

Lacken sind kleine salzhaltige Steppenseen, die am Ostufer des Neusiedler Sees, im Seewinkel, liegen. Die Lange Lacke ist mit 2,5 x 1,5 km die größte von ihnen. Die einzigartige Flora und Fauna erlebt man am besten, wenn man zu Fuß unterwegs ist. Der Rundwanderweg ist auf drei Stunden angelegt, nehmen Sie vorsichtshalber Regenschutz mit.

Die in Europa einzigartigen kleinen Salzseen, die Lacken, sind kaum tiefer als 70 cm und trocknen im Sommer häufig ganz aus, so wie auch der gesamte Neusiedler See in periodischen Abständen zur Gänze austrocknet. Im Gemeindegebiet von Apleton, von wo der gut ausgeschilderte Weg in nordöstlicher Richtung zur Langen Lacke führt, liegt mit 114 m der tiefste Punkt Österreichs. Der Wanderer befindet sich mitten in der Kernzone des ★ *Nationalparks Neusiedler See-Seewinkel*, wo schon seit über 100 Jahren wissenschaftliche Datensammlungen zur Erkundung der Vogelwelt durchgeführt werden.

Wer ein Auge für die auf den ersten Blick oftmals unscheinbaren Phänomene der Natur hat, wird auf der Route zahlreichen Tieren und Pflanzen begegnen, die er wahrscheinlich zum ersten Mal sieht. Die Salzflora dieses Steppengebiets ist sparsam in der Farbenvielfalt, dafür leuchten einzelne Pflanzen wie das Gelbe Labkraut oder rote Disteln umso intensiver. Das Brackwasser ist ein idealer Lebensraum für Kleinkrebse, und diese wiederum sind eine gute Nahrungsbasis für die vielfältige Vogelwelt, wovon mit dem Wiedehopf, dem Ziesel, dem Säbelschnäbler und dem seltenen Löffler nur ein paar genannt sind. Am spannendsten ist die Wanderung im Frühjahr und im Herbst zur Zeit der Vogelzüge, wenn sich Zigtausende von Graugänsen wie keilförmige Geschwader der Landschaft nähern oder wenn riesengroße Schwärme von Staren ankommen, um im Wettstreit mit den Winzern die Trauben zu lesen.

Als Rahmenprogramm wird vor der Wanderung ein Besuch des *Nationalpark-Zentrums* in Illmitz *(April bis Okt. Mo–Fr 8–17, Sa/So 10–17, Nov.–März Mo–Fr 8–16 Uhr | Eintritt frei | Hauswiese | Tel. 02175/34 42 | www.nationalpark-neusiedlersee-see win kel.at)* empfohlen, wo auch professionell geführte Exkursionen angeboten werden. Danach steht ein Besuch bei einem Winzer entlang der Seewinkel-Weinstraße auf dem Programm, die von Illmitz in nördlicher Richtung nach Podersdorf führt.

EIN TAG IN GRAZ

Action pur und einmalige Erlebnisse.
Gehen Sie auf Tour mit unserem Szene-Scout

FRÜHSTÜCK À LA STEIERMARK

8:00

Eine echte Steirer Speise schafft die perfekte Grundlage für einen actionreichen Tag. Drei Eier, Kernöl, Zwiebeln und Grammeln heißt das Rezept für den Turbostart. Aber keine Angst, wem das zu deftig ist, der bekommt auch ein Marmeladsemmerl, frisches Obst und einen Verlängerten! Bonus: die stylishe Location. Das *Blounge* ist mit cremefarbenem Leder tapeziert. **WO?** *Am Sparkassenplatz 4 | www.blounge.at*

9:30

BLICK HINTER DIE KULISSEN

Jetzt gibt's was zu gucken. Nach ca. 45 Min. Autofahrt erfahren Sie beim Rundgang durch das traditionsreiche Lipizzanergestüt *Piber* alles über Haltung und Aufzucht der edlen Rösser. Im Sommer können Sie das richtige Aufsatteln und Mähnenflechten lernen oder sich am Kutschenfahrsimulator üben. **WO?** *Piber 1, Köflach | Kosten: 12 Euro, Kutschfahrt: 3 Euro | Nov. bis März zweimal täglich Führungen, im Sommer ganztags geöffnet | www.piber.com*

ALLES IM FLUSS

11:30

Runterkommen und entspannen! Im *Museum für Wahrnehmung* floaten Sie eine Stunde lang schwerelos im *Samadhi*-Bad, komplett ohne akustische oder visuelle Reize. So schärft man die eigene Wahrnehmungswelt und die Muskeln werden herrlich entspannt. Nach dem relaxten Zwischenstopp geht's mit erfrischtem Geist in eine der ständig wechselnden Ausstellungen. **WO?** *Museum für Wahrnehmung, Friedrichgasse 41 | Kosten: 45 Euro | www.muwa.at*

14:00

GULASCH SATT

Hunger? Dann nichts wie hin ins *Gulascheck*. Im frisch renovierten Traditionsbeisl gibt es das beste Gulasch der Stadt in supercoolem Ambiente. Jetzt hat man die Qual der Wahl zwischen Herren-, Fiaker- und Rindergulasch oder anderen deftigen Spezialitäten wie Lungenstrudelsuppe. Absolut Kult! **WO?** *Bodenfeldgasse 2 | www.gulascheck.at*

24h

ADRENALIN PUR

15:30

Jetzt geht's raus aus der Stadt und rauf in die Baumwipfel. Mit Helm und Sicherungsseil heißt es, Balance halten und sich von Plattform zu Plattform hangeln. Im *Kletterpark Graz-Hilmteich* bezwingen Sie Brückenkonstruktionen und sausen an der Seilbahn entlang. Schwindelfrei sollten Sie schon sein, denn das alles passiert in 10 m Höhe. **WO?** Leechwald am Hilmteich | Kosten: 20 Euro | März bis Nov. | Anmeldung nötig: Tel. 0664/528 48 84 | www.kletterpark.at

19:00

FUSION DINNER

Nach so viel Nervenkitzel knurrt der Magen, also schnell ins *Magnolia*. Der Szeneladen der Stadt ist bekannt für seine neue Interpretation typisch steirischer Gerichte. Steirisch-toskanische Antipasti oder Risotto vom steirischen Kürbis mit Kernöl schmecken traumhaft! Für Liebhaber des scharfen Genusses: die Knoblauchschaumsuppe mit grünem Pfeffer. **WO?** *Schönaugasse 53* | www.augartenhotel.at

SPOT ON!

21:00

Graz bei Nacht ist spannend. Vor allem, wenn man bei einer geführten Tour die architektonischen Highlights – wie etwa die Murinsel – auf besondere Art kennenlernt. Der Guide beleuchtet mit einer überdimensionalen Taschenlampe die Bauwerke und erklärt ihre Vorzüge. **WO?** Kosten: 80 Euro Gesamtpreis Führung | Anmeldung nötig: Tel. 0316/58 67 20 oder über Homepage http://grazguides.at

23.00

POP-KULTUR

Ab ins Nightlife mit Szenefaktor. *Project Pop Culture* ist der Hotspot in Sachen elektronische Musik und Livekonzerte. Hier gibt's jede Woche Clubnights mit internationalen DJs oder Konzerte von Newcomern wie *Madsen* oder *Get Well Soon*. Einfach vorher auf der Homepage checken, was abgeht, oder sich vom Act des Abends überraschen lassen! **WO?** *Neubaugasse 6* | www.popculture.at

> BEWEGUNG IST ANGESAGT

Aktivurlauber kommen zu jeder Jahreszeit auf ihre Kosten: im Winter auf Pisten und Loipen, im Sommer zu Land und zu Wasser

> Ob Skitouren in der Verwallgruppe oder Kitesurfen auf dem Neusiedler See, ob Golfen im Lafnitztal oder Almwandern in den Hohen Tauern, ob Badespaß in Kärnten oder im Salzkammergut, ob Skigaudi in Ischgl oder im Zillertal – die Auswahl ist riesengroß.

Skipisten, Loipen, Badeseen, Wanderwege und Golfplätze werden laufend weiter ausgebaut, um für alle Vorlieben und Generationen das Passende anzubieten. Ideen über die endlosen Möglichkeiten, die Österreich bietet, sich aktiv zu betätigen, findet man auf *www.bergfex.at.*

■ BERGSTEIGEN & KLETTERN ■

Die besten Kletterer kommen am Dachstein, im Gesäuse und am Wilden Kaiser in Tirol auf ihre Kosten. Überhaupt findet man in Westösterreich Tausende von Routen in allen Schwierigkeitsgraden *(www.climbers-paradise.com).* Außerdem gibt

SPORT & AKTIVITÄTEN

es zahllose Klettergärten wie jenen am Kanzianiberg in Kärnten. Hier ist auch der *Outdoorpark Oberdrautal* zu finden, der sich ideal für Einsteiger eignet. Das Portal für Kletterer und Bergsteiger *www.bergsteigen.at* bietet eine Übersicht und listet Routen auch bis ins kleinste Detail.

■ FAHRRAD FAHREN ■

Die Wege entlang der Flüsse Donau, Inn, Mur, Enns, Drau und Traisen sowie um den Neusiedler See versprechen Radvergnügen mit minimaler Muskelkraft *(www.radtouren.at)*. Die alpinen Regionen wiederum sind ein Eldorado für Mountainbiker, herausfordernd und gut beschildert und dokumentiert. Die Vorzeigeregionen Österreichs sind Leogang/Pinzgau (Salzburg), das Salzkammergut (Oberösterreich), das Montafon (Vorarlberg, *www.montafon.com*), die Zugspitzarena (Tirol, *www.zugspitz*

arena.com), die Naturarena (Kärnten, *www.naturarena.com*) sowie die Alpentour (Steiermark und Niederösterreich, *www.alpentour-austria.in fo*). Eine grobe Übersicht gibt's auf *www.bikeholidays.com*.

GOLF

Die über 100 Golfclubs liegen fast alle in landschaftlich reizvoller Umgebung, mehr als ein Drittel in den Ebenen Niederösterreichs, so auch der *GC Schloss Schönborn (Tel. 02267/28 79 | www.gcschoenborn. com)*, 45 km nordwestlich von Wien, der als Clubhaus ein Barockschloss besitzt. In der Region Zell-am-See-Kaprun *(Tel. 06542/561 61)* bilden die Dreitausender der Hohen Tauern eine tolle Kulisse. Die <mark>Golfschaukel Lafnitztal</mark> wie der zu *Reiters Burgenlandresort* gehörige Platz sind witterungsmäßig bevorzugt und bis Mitte November bespielbar.

Insider Tipp

OUTDOOR ACTION

Ins wilde Wasser stürzt man sich mit dem Kanu oder Kajak in Wildalpen – die <mark>steirische Salza</mark> ist der längste,

Insider Tipp

An gepflegten Golfplätzen in reizvoller Umgebung herrscht kein Mangel

ganzjährig befahrbare und unverbaute Fluss in Mitteleuropa *(www.wildalpen.at)*. *Abentau* im salzburgischen Lammertal ist die Anlaufstelle für Rafting, Canyoning und Hydrospeed, zudem herrschen in den Bergen ringsum vortreffliche Bedingungen für Paragliding *(www.lammertal.info)*. Klassischer Wassersport – Windsurfen, Kiten, Segeln – steht an den Seen im Salzkammergut ebenso hoch im Kurs wie am Neusiedler See *(www. salzkammergut.at | www.neusiedler see.com)*. Kajakfahren wird auch noch im Ötztal angeboten *(www.oetz tal.com)*, über die zahlreichen Outdoor-Varianten in Vorarlberg und Kärnten informieren folgende Websites: *www.outdoor-vorarlberg.at | www.outdoor.kaernten.at*.

REITEN

Die österreichische Wälder an den Ausläufern der Alpen bieten Reitern optimale Bedingungen. Allgemeine Infos zu den schönsten Reiterhöfen finden Sie auf *www.reitarena.com*. Manche Regionen setzen speziell auf Pferdefreunde und haben ihre Hügel, Wiesen und Felder mit einem weitläufigen Netz an Reitwegen durchzogen wie z.B. die Mühlviertler Alm *(www.pferdereich.at)*, der Neusiedler See *(www.burgenland.info)* und das Reit-Eldorado Kärnten *(www.reit-eldorado.at)*.

WANDERN

Wer in Österreich vor die Türe tritt, steht auf einem Wanderweg – und an Einkehrmöglichkeiten mangelt es auch nirgendwo. Manche Regionen haben sich zu Wanderdörfern zusammengeschlossen *(www.wandern-in-*

SPORT & AKTIVITÄTEN

oesterreich.at), die dem gehwilligen Gast auch das nötige Drumherum bieten. Eine kulturhistorisch imposante Wanderung führt entlang der Semmering-Bahn von Niederösterreich in die Steiermark. Eine Verzweigung des wiederbelebten *Jakobswegs* führt durch Österreich und deckt sich streckenweise mit den *Tiroler Adlerweg*. Weitere gute Ziele für mehrtägige Trekkings sind die Schladminger Tauern mit dem *Höhenweg*, die Kärntner Nockberge, der Dachstein mit der neu ausgearbeiteten siebentägigen *Dachsteinrunde* oder der *Almenwanderweg* in Salzburg. Ein besonders Schmankerl ist eine Hüttenwanderung im Nationalpark Hohe Tauern.

■ WINTERSPORT ■

Mit Ausnahme von Wien und dem Burgenland gibt es überall Skigebiete für jeden Anspruch. Skizirkus mit allem Drum und Dran bieten in Vorarlberg das Montafon und der Arlberg, in Tirol Ischgl, Hochgurgl, Hintertux und Kitzbühel, im Salzburger Land Zell am See-Kaprun, Saalbach-Hinterglemm und die Sportwelt Amadé, in Kärnten das Nassfeld und in der Steiermark Schladming. Für Familien sind diese Megaskigebiet aber oft unüberschaubar. Vor allem in der Hochsaison, wenn die Pisten voll sind, kann man leicht den Überblick verlieren. Wer unsicher auf Skiern steht oder mit dem Nachwuchs abfahren möchte, ist mit kleineren Skigebieten wie Wildschönau (Tirol), Weißsee (Salzburger Land), Semmering (Niederösterreich, Steiermark) oder Hochficht (Böhmerwald) unter Umständen besser bedient.

Zentren des Fun-Sports auf Pisten sind Ischgl und Serfaus in Tirol sowie Kleinarl und Piesendorf im Salzburger Land. Der Geheimtipp unter Snowboardern ist **Kreischberg** (Murau in der Steiermark). Gespurte

Extrem-Skifahrer bei waghalsigem Sprung

Loipen überziehen winters das alpine Österreich. Das Zentrum für Skater und klassische Langläufer und überhaupt nordischen Skisport liegt in der Ramsau (Steiermark, *www.ramsau. com*), besonders empfehlenswert ist auch noch der **Böhmerwald** (Oberösterreich, *www.boehmerwald.at*).

> ABENTEUER NATUR UND FASZINATION TECHNIK

Kinder sind im Familien-Urlaubsland Österreich überall herzlich willkommen

> **Auf Felswände kraxeln, in Seen plantschen, auf Bauernhöfen Tiere füttern, im Heu herumtollen und bei der Ernte helfen – Urlaub auf dem Land birgt besonders für Kinder täglich neue Überraschungen.**

An sich wird Kindern in Österreich nur selten langweilig. Da gibt es immer einen See zum Baden, einen Bauernhof zum Übernachten oder eine Wiese zum Toben. Wanderungen führen über besonnte Alpen, wo Kühe mit ihren Glocken bimmeln, Reiter-höfe erfüllen dem Nachwuchs den Traum vom eigenen Pferd – zumindest auf Zeit. Kinder- und Familienhotels werden unter *www.familyaustria.at*, *www.kinderhotels.com* und *www.familyselect.cc* angeboten.

BURGENLAND/ NIEDERÖSTERREICH
GEOCACHING
Eine spannende Familien-Rätsel-Rallye mit GPS-Schatzkarte ist derzeit an

Insider Tipp

Bild: Kinderspielplatz in Leogang

MIT KINDERN UNTERWEGS

13 verschiedenen Punkten Niederösterreichs machbar. Die Wanderzeit bis zum gefundenen Schatz beträgt 1–3 Stunden. *Tel. 01/536 10 | http://geo caching.niederoesterreich.at*

MÄRCHENPARK
ST. MARGARETHEN [121 E6]

Im Märchenpark am Neusiedler See kommen die Kleinen (bis 12 J.) auf ihre Kosten. Das Labyrinth im Geisterschloss fasziniert ebenso wie der Märchenwald. Dazu Karussells, Drachenbahn, Streichelzoo u. a. *Am Rusterberg | St. Margarethen | Mitte März bis Sept. tgl. 9–18, Okt. 10–17 Uhr | Eintritt 15 Euro, Kinder bis 2 J. frei | www.maerchenpark-neusiedlersee.at*

SONNENTHERME [129 E2]

Das Thermalbad im burgenländischen Lutzmannsburg hat sich auf Familien mit Kindern spezialisiert. Im Gegensatz zu sonstigen Wellnessangeboten stören Kinder hier nicht – sie sind willkommen, vom Babyalter an. Das Angebot ist entsprechend minigerecht. *Lutzmannsburg | Tgl. 9–21, Fr/Sa bis 22 Uhr | Tageskarte Erw. 19,40, Kinder 4,70–11,50 Euro (je nach Alter) | www.sonnentherme.at*

ZOOM KINDERMUSEUM [115 D4]
In diesem Museum nur für Kinder im Wiener Museumsquartier wird Gestalten und spielerisches Lernen großgeschrieben. *Museumsplatz 1 | Kinder 5 bzw. 6, Begleitperson 3,50 Euro | www.kindermuse um.at*

■ STEIERMARK/KÄRNTEN ■

1. KÄRNTNER ERLEBNISPARK [126 A5]
Am Pressegger See in Hermagor bietet der Park technische Attraktionen wie den Jump mit dem Nautic Jet, die Bändigung des Butterfly, den Ritt auf dem Kometen, Fahren im Luna Loop oder den Baggersimulator. *Mai bis Sept. tgl. 9–18 Uhr | Tageskarte 15 Euro | www.erlebnispark.cc*

MINIMUNDUS KLAGENFURT [126 C5]
Die große Welt im Kleinen zu zeigen, ist das Motto. Hier werden 170 Modelle der schönsten Bauwerke aus fünf Kontinenten gezeigt. *Villacher Str. 241 | April/Okt. tgl. 9–18, Mai, Juni/Sept. 9–19, Juli/Aug. 9–20 Uhr | Eintritt 12, Kinder (6-15 J.) 7 Euro*

SOMMERRODELBAHN GREBENZEN [126 C3]
Mit 1740 m die längste Sommerrodelbahn der Steiermark. Kurvenreiche Abfahrt, die Geschwindigkeit lässt sich über den Steuerknüppel regulieren, maximal können 41 km/h erreicht werden. Bequemer Aufstieg mit der Vierersesselbahn. *Mai–Sept.*

tgl. 9–17 Uhr | Fahrt 7,50, Kinder 4,90 Euro | www.grebenzen.at

STYRASSIC PARK [128 C5] *Insider Tip*
Bad Gleichenberg lockt mit Dinos. Neben einem Vulkanausbruch gibt es über 70 Dinosaurier in Originalgröße zu bewundern. *Dinoplatz 1 | April bis Sept. tgl. 9–17, 15.-31. März und Okt. tgl. 9–16 Uhr | Eintritt 9,50, Kinder 6 Euro | www.styrassicpark.at*

■ OBERÖSTERREICH/ SALZBURG

DACHSTEIN-HÖHLEN [126 B1]
Bei der „Kleinen Abenteuerführung" in der Koppenbrüllerhöhle bei Obertraun entdecken Kinder die verschlungenen unterirdischen Wege, die das Wasser in Jahrtausenden aus dem Berg gewaschen hat. Wo Erwachsene bereits Klaustrophobie empfinden, haben die Kleinen noch Spaß. *Juli/ Aug. tgl. 15 Uhr, sonst gegen Voranmeldung | Führung Erw. 25, Kinder 20 Euro | Tel. 06131/53 10 | www. dachsteinwelterbe.at*

GOLDWASCHEN [125 E3] *Insider Tip*
Der Goldbergbau im Rauristal hat große Tradition. Auf drei Goldwaschplätzen können Kinder unter fachkundiger Anleitung von Meister Tho Huber zu Glücksrittern werden. *Naturwaschplatz Bodenhaus-Rauris | Ende Mai–Ende Sept. tgl. 9–16 Uhr | Teilnahmegebühr 3 Euro | Tel. 06544/70 52 | www.goldsuchen.at*

KINDERWELTMUSEUM [118 B5]
Auf Schloss Walchen wird das Leben der Kinder von der Biedermeierzeit bis heute gezeigt. Lachkabinett, Irrgarten, Haustierpark und Kräuter-

pfad. *Mai–Okt. tgl. 10–17 Uhr | Eintritt 5, Kinder 3,50 Euro | www. kinderweltmuseum.at*

ZOO SCHMIDING [119 D4]

Biotopanlagen, die von Säugetieren, Reptilien und Vögeln gemeinsam bewohnt werden, wie das auch in ihrem natürlich Habitat der Fall ist. Gorillas, Giraffen und Geier in Oberösterreich. *Krenglbach | Tgl. 9–19 Uhr | Eintritt 11,50, Kinder 5 Euro | www.zooschmiding.at*

■ TIROL/VORARLBERG ■

ABENTEUERBERGE [123 D4]

In der Region Serfaus, Fiss, Ladis hat der Jugendbuchautor und Fernsehmoderator Thomas Brezina eine Abenteuergeschichte für Kinder inszeniert: Ein Flugzeug ist abgestürzt, der Pilot konnte sich mit einem Fallschirm retten. Alles Weitere haben die Kinder herauszufinden. *Anmeldung in den Infobüros der genannten Orte | www.sommererlebniswelt.at*

GOLM IM MONTAFON [122 B4]

Mit dem *Flying-Fox* über den Stausee Latschau düsen, im Waldseilpark in luftiger Höhe balancieren, mit dem Zweisitzer-Schlitten *Alpine-Coaster* rasant ins Tal rutschen – hier wird der Mut der Kids gefordert. *Kombiticket 26,60, Kinder 18,20 Euro | www.golm.at*

MENSCH ÄRGERE DICH NICHT [125 E5]

Im Osttiroler *Dorfgasthof Tschitscher* steht ein riesiges Mensch-Ärgere-Dich-Nicht – als ob es nicht schon schlimm genug wäre, am kleinen Brett zu verlieren. Darüber hinaus halten die Gastgeber noch 99 weitere Brettspiele parat. *Nikolsdorf 21 | Tel. 04858/82 19 | www.dorfgasthof.at*

Gut gesichert kann man auch Kinder mit auf Klettertour nehmen

> VON ANREISE BIS ZOLL

Urlaub von Anfang bis Ende: die wichtigsten Adressen und Informationen für Ihre Österreich-Reise

ANREISE

AUTO

Tirol, Salzburg und Kärnten erreicht man am besten über die Autobahn von München über Rosenheim nach Salzburg (A8) bzw. Kufstein (A93). Nach Vorarlberg empfiehlt sich die Route von Ulm über Memmingen (A7) nach Lindau (A96). Die Hauptverkehrsader von Innsbruck nach Wien läuft über die Inntal- bzw. Westautobahn (A1). Die Südautobahn (A2) führt von Wien über Graz nach Klagenfurt und Villach. Villach ist auch über die Tauernautobahn ab Salzburg erreichbar.

Autobahnen sind in Österreich mautpflichtig. Vignetten sind in Tabakläden, auf Postämtern und in grenznahen deutschen Tankstellen zu kaufen. Die Jahresvignette für PKW kostet 72,90 Euro, für 2 Monate 23 Euro, für 10 Tage 7,90 Euro. Auch für Motorräder besteht (eine reduzierte) Vignettenpflicht. Mautpflicht besteht zudem auf vielen Berg- und Panoramastraßen sowie einigen wichtigen Transitrouten wie Brennerautobahn, Gerlospass- oder Felbertauernstraße.

BAHN

Häufige Direktverbindungen nach Wien gibt es von München (4¼ Std.) und Frankfurt (7 Std.). Nachtzüge fahren von Hamburg, Berlin und Köln nach Wien. Fahrplanauskunft

PRAKTISCHE HINWEISE

DB: *Tel. 0800/50 70 90* | *www.bahn. de;* Zugsauskunft in Österreich: *Tel. 05 17 17* | *www.oebb.at*

FLUGZEUG

Von Berlin, Düsseldorf, Frankfurt/ M., Hamburg, Hannover, München und Köln/Bonn gibt es tägliche Verbindungen (auch Billigflieger) nach Österreich. Neben Wien werden die Flughäfen Graz, Innsbruck, Linz, Klagenfurt und Salzburg angeflogen. Die Flugzeit von Frankfurt/M. nach Wien beträgt 80 Min. Zwischen Flughafen Wien-Schwechat und Bahnhof Wien-Mitte (U3) verkehrt der *City Airport Train* im Halbstundentakt. Die Fahrzeit beträgt 16 Min. *(10 Euro).* Für Flüge mit Lufthansa, Austrian, Air Berlin und Niki können Sie direkt am Bahnhof einchecken.

▬ AUSKUNFT ▬

ÖSTERREICH WERBUNG

www.austria.info; Deutschland: Tel. (6 Cent pro Anruf) 01802/10 18 18; Schweiz: Tel. (zum Ortstarif) 0842/ 10 18 18

▬ AUTO ▬

Das Tempolimit liegt auf Autobahnen bei 130, auf Bundesstraßen bei 100 und innerorts bei 50 km/h, die Promillegrenze bei 0,5. Es besteht Tragepflicht von Sicherheitswesten, sobald das Auto auf Autobahnen und Landstraßen verlassen wird. Vom 1. Nov. bis 15. April sind bei winterlichen Straßenverhältnissen Winterreifen Pflicht.

ÖAMTC-Pannenhilfe: *Tel. 120*
ARBÖ-Pannenhilfe: *Tel. 123*

▬ BUS ▬

Zentrale österreichische Busauskunft: *Tel. 0810/22 23 33*

❯ WAS KOSTET WIE VIEL?

❯ KAFFEE	**AB 2,20 EURO** für eine Melange	
❯ MENÜ	**AB 4,90 EURO** für ein Mittagsmenü	
❯ EINTRITT	**AB 7 EURO** für eine größere Sehenswürdigkeit	
❯ ZUGTICKET	**31 EURO** z.B. für Wien-Linz	
❯ BENZIN	**CA. 1,30 EURO** für einen Liter Super	
❯ SEILBAHN	**AB 7 EURO** für eine Bergfahrt im Sommer	

▬ CAMPING ▬

Im ganzen Land stehen zahlreiche gut geführte Campingplätze zur Verfügung. Wildes Campen ist verboten. Viele Bergstraßen sind mit einem Wohnwagen nicht befahrbar. Information: *Österreichischer Camping-Club (ÖCC)* | *Tel. 01/713 61 51* | *www.campingclub.at*

BOTSCHAFT DER BUNDESREPUBLIK DEUTSCHLAND

Metternichgasse 3 | 1030 Wien | Tel. 01/71 15 40, Notruf 0664/80 15 45 00

SCHWEIZERISCHE BOTSCHAFT

Prinz-Eugen-Str. 7 | 1030 Wien | Tel. 01/79 50 50

GESUNDHEIT

Auf der Rückseite der elektronischen Gesundheitskarte ist die Europäische Krankenversicherungskarte angebracht. Sollte sie von einem Arzt nicht akzeptiert werden, müssen Sie die Behandlungskosten bar bezahlen und die Rechnung bei Ihrer Krankenkasse einreichen.

INTERNET

Neben der Website *www.austria.info* bieten die Seiten der Landestourismusorganisationen gute Informationen: *www.burgenland.info*, *www.niederoesterreich.at*, *www.wien.info*, *www.steiermark.com*, *www.kaernten. at*, *www.oberoesterreich.at*, *www.salzburgerland.com*, *www.salzburg.info*, *www.tirol.at*, *www.vorarlberg.travel*.

NOTRUF

Feuerwehr: *Tel. 122*
 Polizei: *Tel. 133*
 Rettungsdienst: *Tel. 144*
 Ärztenotdienst: *Tel. 141*
 Alpinnotruf (Bergrettung):
  Tel. 140, in Vorarlberg 144

POST

Das Porto für Standardsendungen (bis 20 g) beträgt EU-weit 65 Cent, weltweit 1,40 Euro.

TELEFON & HANDY

Österreich hat ein sehr dichtes Mobiltelefonnetz mit derzeit fünf Anbietern. Beim Roaming spart, wer das günstigste Netz wählt. Mit einer Prepaidkarte für Österreich entfallen die Gebühren für eingehende Anrufe. Und: Sie bekommen schon zu Hause Ihre neue Nummer. Immer günstig sind SMS. Hohe Kosten verursacht die Mailbox: noch im Heimatland

WETTER IN WIEN

Jan.	Feb.	März	April	Mai	Juni	Juli	Aug.	Sept.	Okt.	Nov.	Dez.
1	3	8	14	19	22	25	24	20	14	7	3
Tagestemperaturen in °C											
-4	-2	1	6	10	13	15	15	11	7	3	-1
Nachttemperaturen in °C											
2	3	4	6	7	8	8	8	7	5	2	1
Sonnenschein Std./Tag											
8	7	8	8	9	9	9	9	7	8	8	8
Niederschlag Tage/Monat											

abschalten! Bei Anrufen aus dem Ausland entfällt die 0 der Ortsvorwahl. Vorwahl nach Deutschland *0049*, in die Schweiz *0041*, nach Österreich *0043*.

UNTERKUNFT

Je nach Budget sollten Sie eine der folgenden Seiten zum Recherchieren auswählen: *www.youngaustria.com* (für junge Leute), *www.jufa.at* (Jugend- und Familiengästehäuser), *www.farmholidays.com* (früher sagte man: Urlaub am Bauernhof), *www.bedandbreakfastaustria.at* (Zimmer mit Frühstück), *www.relax-guide.at* (Wellnesshotels mit Bewertung), *www.schlosshotels.co.at* (das Feinste vom Feinsten) sowie allgemein *www.tiscover.at* und *www.austria.info/at/uebernachten*.

VERGÜNSTIGUNGEN

Einige Bundesländer bzw. Städte bietet eine Touristen-Card, mit der Sie satte Ermäßigungen bekommen. Besonders hervorzuheben sind die *Wien Card*, die gleichzeitig als Netzkarte für die öffentlichen Verkehrsmittel gilt und bis zu 50 Prozent Ermäßigung für diverse Attraktionen bietet (3 Tage für 18,50 Euro, erhältlich bei den Verkaufsstellen der Wiener Linien, *www.wien.info*), außerdem die *Linz Card* (25 Euro/3 Tage, freie Eintritte und freie Fahrt, *www.linz.at*), sowie die *Salzburg Card* (43 Euro/6 Tage, freie Eintritte und freie Fahrt, *www.salzburg.info*). Darüberhinaus bieten viele Regionen und Ferienorte Pauschalvergünstigungen wie Saison- oder Gästekarten – besonders für Familien – für Sehenswürdigkeiten, Museen und Sportstät-

ten und sonstige touristische Leistungen an. Erkundigen Sie sich bei den Tourismusbüros oder im Hotel.

ZEITUNGEN

Überregionale Qualitätszeitungen sind „Die Presse" und „Der Standard". Ähnlich gut sind die „Salzburger Nachrichten" sowie die unentbehrliche Stadtzeitung für Wien: „Falter". Vom Mittelstand gerne ge-

Zillertaler Musikant

lesen werden der „Kurier" (Ostösterreich) und die „Kleine Zeitung" (Steiermark, Kärnten), für jedermann sind „Krone" und „Österreich".

ZOLL

Innerhalb der EU dürfen Sie Waren zum persönlichen Gebrauch frei ein- und ausführen. Als Richtwerte gelten z.B. 800 Zigaretten, 200 Zigarren, 10 l Spirituosen, 90 l Wein oder 110 l Bier. Für Reisende aus Nicht-EU-Ländern gelten knappere Mengen: 200 Zigaretten oder 50 Zigarren oder 250 g Tabak, 1 l Spirituosen und 4 l Wein und 16 l Bier.

> UNTERWEGS IN ÖSTERREICH

Die Seiteneinteilung für den Reiseatlas finden Sie auf dem hinteren Umschlag dieses Reiseführers

REISE
ATLAS

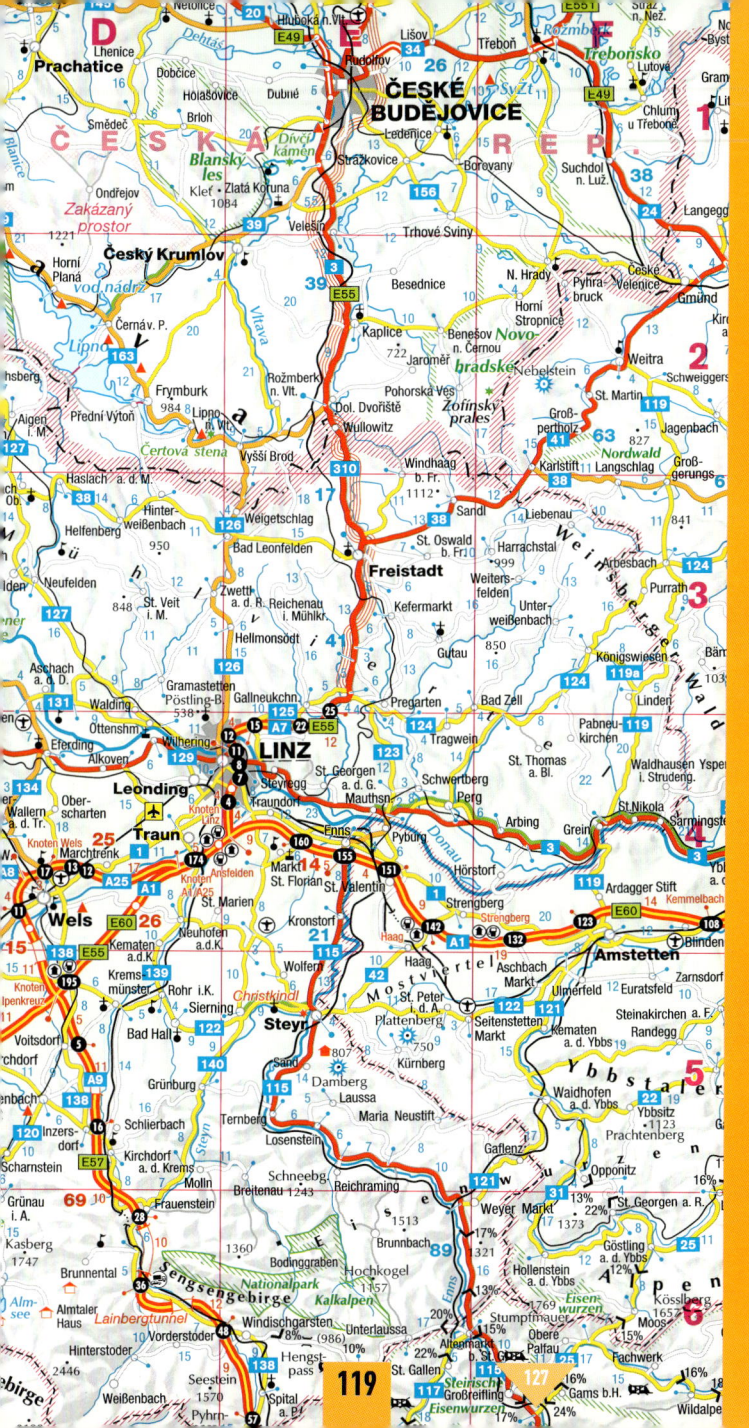

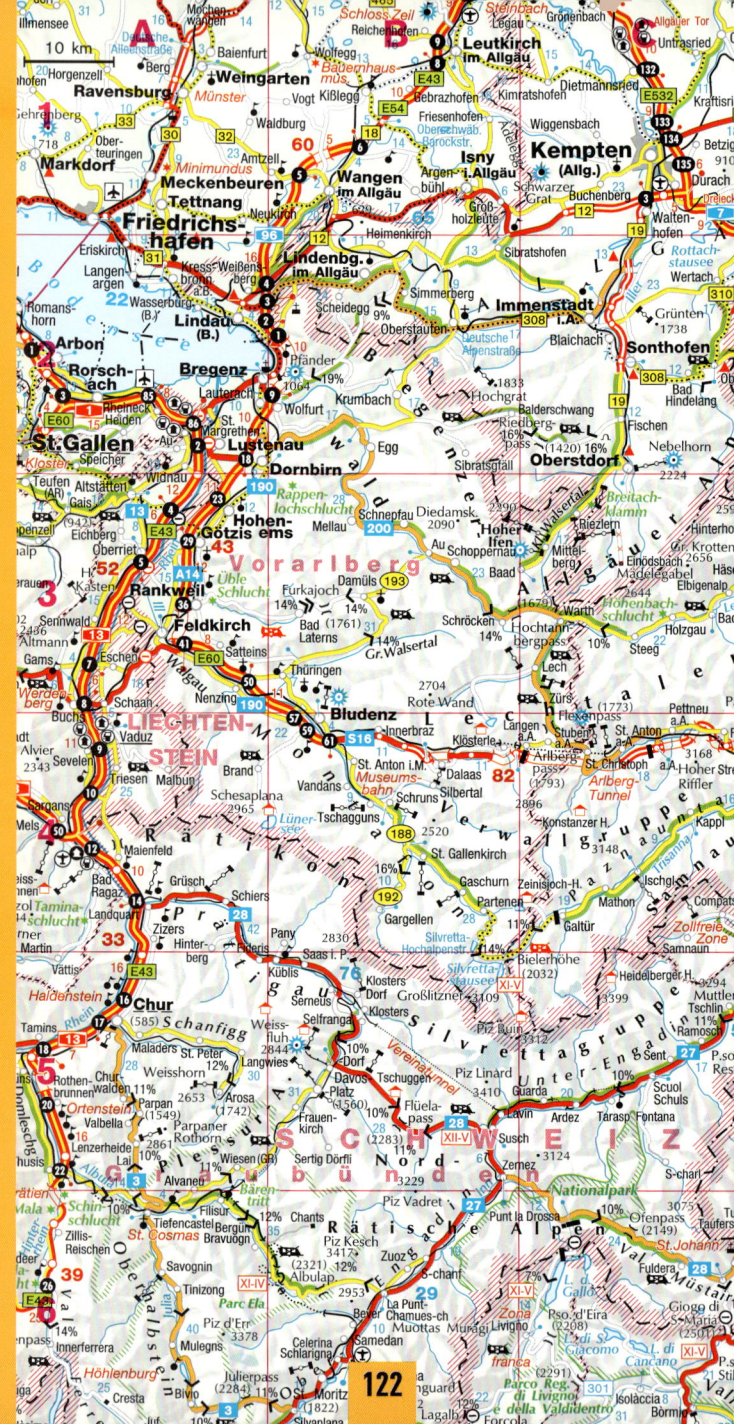

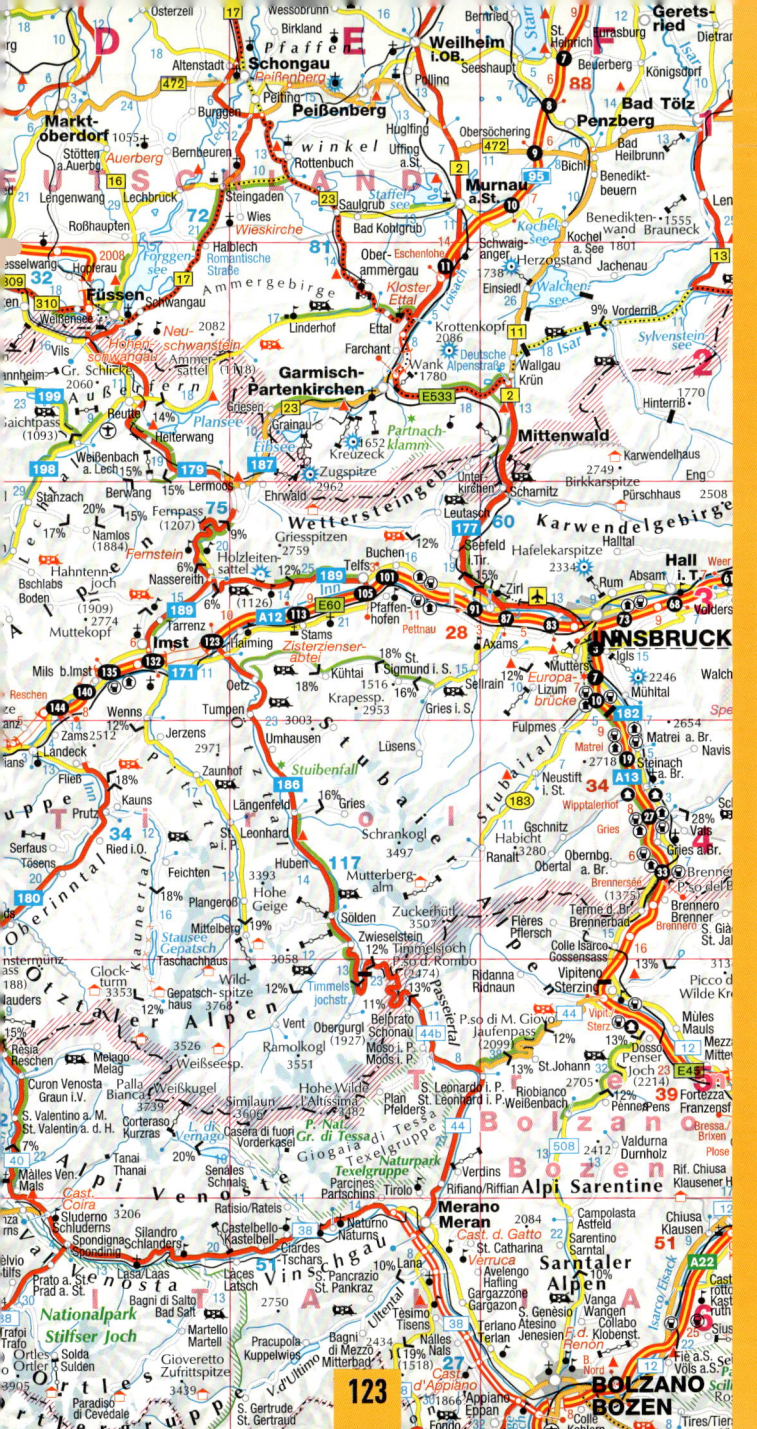

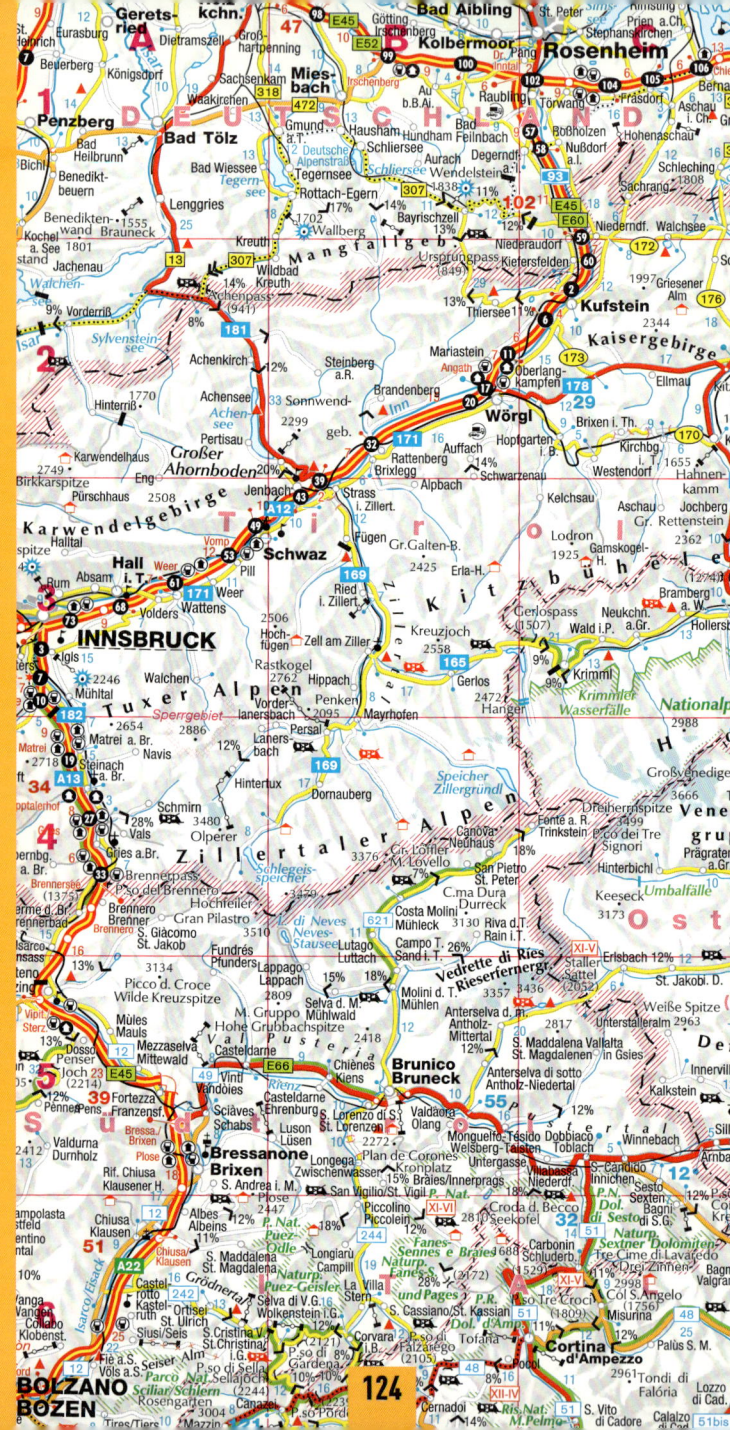

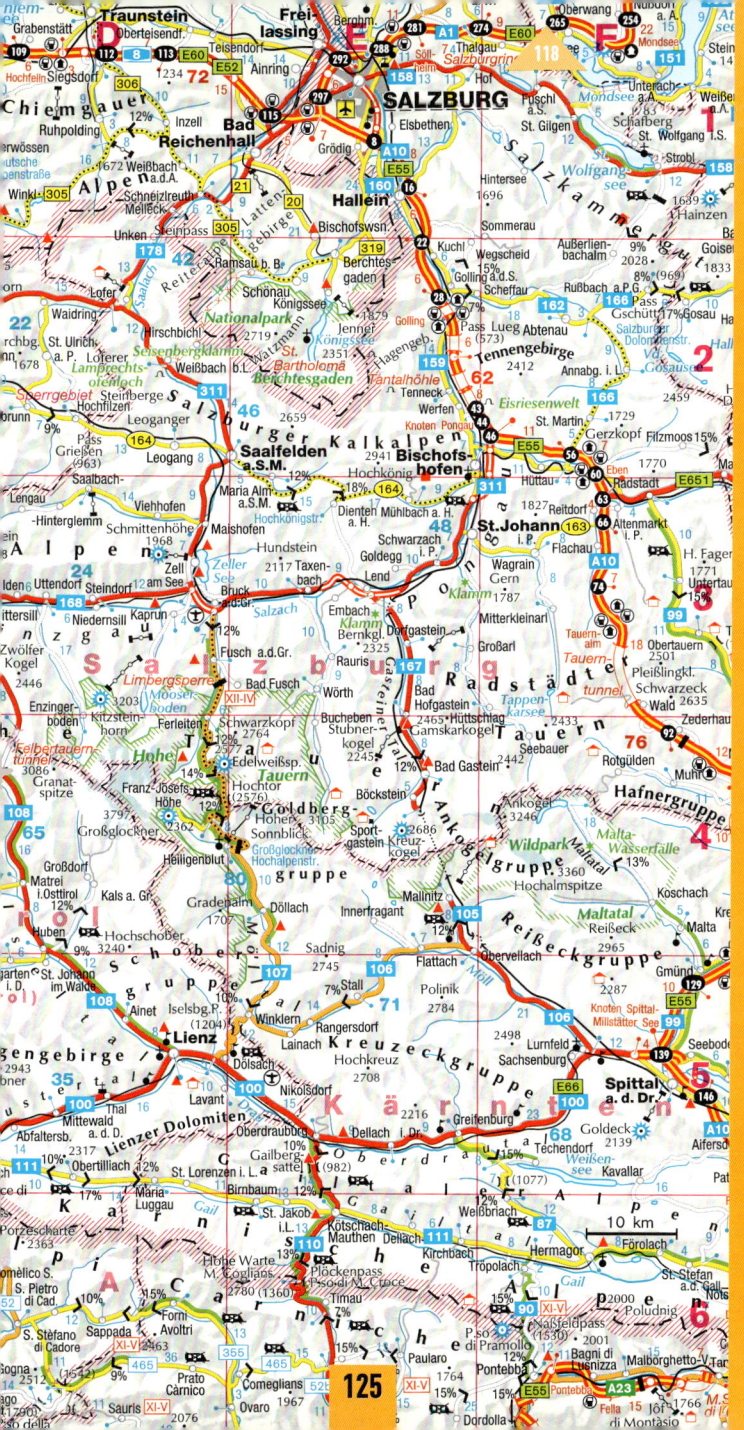

Autobahn mit Anschlussstellen
Motorway with junctions

Autobahn in Bau
Motorway under construction

Mautstelle
Toll station

Raststätte mit Übernachtung
Roadside restaurant and hotel

Raststätte
Roadside restaurant

Tankstelle
Filling-station

Autobahnähnliche Schnell-
straße mit Anschlussstelle
Dual carriage-way with
motorway characteristics
with junction

Fernverkehrsstraße
Trunk road

Durchgangsstraße
Thoroughfare

Wichtige Hauptstraße
Important main road

Hauptstraße
Main road

Nebenstraße
Secondary road

Eisenbahn
Railway

Autozug-Terminal
Car-loading terminal

Zahnradbahn
Mountain railway

Kabinenschwebebahn
Aerial cableway

Eisenbahnfähre
Railway ferry

Autofähre
Car ferry

Schifffahrtslinie
Shipping route

Landschaftlich besonders
schöne Strecke
Route with
beautiful scenery

Alleenstr. Touristenstraße
Tourist route

XI-V Wintersperre
Closure in winter

Straße für Kfz gesperrt
Road closed to motor traffic

8% Bedeutende Steigungen
Important gradients

Für Wohnwagen nicht
empfehlenswert
Not recommended
for caravans

Für Wohnwagen gesperrt
Closed for caravans

Wartenstein Sehenswert: Kultur - Natur
Umbalfälle Of interest: culture - nature

Badestrand
Bathing beach

Besonders schöner Ausblick
Important panoramic view

Ausflüge & Touren
Excursions & tours

Nationalpark, Naturpark
National park, nature park

Sperrgebiet
Prohibited area

Kirche
Church

Kloster
Monastery

Schloss, Burg
Palace, castle

Moschee
Mosque

Ruinen
Ruins

Leuchtturm
Lighthouse

Turm
Tower

Höhle
Cave

Ausgrabungsstätte
Archaeological excavation

Jugendherberge
Youth hostel

Allein stehendes Hotel
Isolated hotel

Berghütte
Refuge

Campingplatz
Camping site

Flughafen
Airport

Regionalflughafen
Regional airport

Flugplatz
Airfield

Staatsgrenze
National boundary

Verwaltungsgrenze
Administrative boundary

Grenzkontrollstelle
Check-point

Grenzkontrollstelle mit
Beschränkung
Check-point with
restrictions

Wien Hauptstadt
Capital

Graz Verwaltungssitz
Seat of the administration

Himmlische Aussichten

Machen Sie **Urlaub vor den Toren der Stadt Salzburg** und genießen Sie Kultur und Geschäftigkeit der Festspielstadt ebenso wie die Ruhe des Landes mit gemütlichen Gastgärten und grünen Oasen der Erholung. Ob sportlicher Freizeitspaß, Erholungsort, Tagungsort für Seminare oder kulinarische Genüsse: **Bergheims Gastfreundschaft** hat viele gute Seiten.

Kultur-Highlights in der Mozartstadt: Mozartwoche • Osterfestspiele • Pfingstfestspiele • Salzburger Festspiele • Jazz Herbst • Advent & Silvester …

Tourismusverband Bergheim · Moosfeldstraße 2 · A-5101 Bergheim
Tel. +43 (0) 662 / 45 45 05 · Fax +43 (0) 662 / 45 45 05-75
info@bergheim-tourismus.at · www.bergheim-tourismus.at
Wir stehen für Auskünfte, Buchungen, Organisation für Karten von kulturellen Veranstaltungen gerne zur Verfügung.

REGISTER

In diesem Register sind alle erwähnten Orte und und Ausflugsziele sowie wichtige Seen und Täler aufgeführt. Halbfette Seitenzahlen verweisen auf den Haupteintrag.

SCHREIBEN SIE UNS

Liebe Leserin, lieber Leser,

wir setzen alles daran, Ihnen möglichst aktuelle Informationen mit auf die Reise zu geben. Dennoch schleichen sich manchmal Fehler ein – trotz gründlicher Recherche unserer Autoren/innen. Sie haben sicherlich Verständnis, dass der Verlag dafür keine Haftung übernehmen kann.

Wir freuen uns aber, wenn Sie uns schreiben.

Senden Sie Ihre Post an die MARCO POLO Redaktion, MAIRDUMONT, Postfach 3151, 73751 Ostfildern, info@marcopolo.de

IMPRESSUM

Titelbild: Bauernhaus mit Blumenschmuck (Look: Strauss)
Fotos: G. Amberg (Klappe links); Blounge: Werner Krug (102 o.l.); Blühendes Konfekt: Beate Dorau (13 o.); O. Bolch (16/17, 82/83); Dachstein: Erich Hagspiel (12 u.); W. Dieterich (28); Do & Co (14 u.l.); Anita Ericson (134); © fotolia.com: DWP (103 u.r.); R. Freyer (2 l., 77); Elke Freytag: Stefan Köll (15 u.); Garish GbR: Julia Grandegger (15 o.); Graz Tourismus und Stadtmarketing GmbH: Harry Schiffer (103 M.l.); Gulascheck: Werner Krug (102 u.r.); R. Hackenberg (8/9, 19, 23, 28/29, 35, 42, 52/53, 61, 67, 93, 98/99, 100); HB Verlag (41); HB Verlag: Krause (21), Widmann (75); High end RENT: Susanne Schönherr (14 M.l.); J. Holz (4 r., 11, 63, 68); Susanne Hoheisel (12 o.); Huber: Damm (45), Gräfenhain (4 l., 6/7, 90), Huber (54, 64, 80), Mallaun (104/105, 111), Novak (26), Schmid (24/25, 29, 57, 94), Giovanni Simeone (72); © iStockphoto.com: Niall Macpherson (14 o.r.), an Wilton (103 M.r.); G. Jung (22, 92); Kletterpark (103 o.l.); Laif: Caputo (22/23), Celentano (70/71), Heeb (47), Heuer (116/117), Zahn (32); Look: Strauss (1); P. Mathis (Klappe Mitte, 2 r., 84, 87, 107, 115); Mauritius: imagebroker. net (89), Mallaun (88); Museum der Wahrnehmung: Werner Wolf (102 M.l.); nmc GmbH: Günter Freund (13 u.); R. M. Schäflein (106); Schapowalow: Albinger (3 r.), Geiersperger (Klappe rechts), Kirsch (3 l.); Spanische Hofreitschule – Bundesgestüt Piber: Peter Burgstaller (102 M.r.); T. Stankiewicz (5, 27, 30/31, 37, 38, 49, 50, 58, 78, 97); W. Storto (108/109); Transglobe: Mallaun (3 M.)

2. (10.), aktualisierte Auflage 2011
© MAIRDUMONT GmbH & Co. KG, Ostfildern
Chefredaktion: Michaela Lienemann (Konzept, Chefin vom Dienst), Marion Zorn (Konzept, Textchefin)
Autor: Siegfried Hetz; Bearbeiterin: Anita Ericson; Redaktion: Jochen Schürmann;
Programmbetreuung: Silwen Randebrock; Bildredaktion: Gabriele Forst;
Szene/24h: wunder media, München
Kartografie Reiseatlas: © MAIRDUMONT, Ostfildern
Innengestaltung: Zum goldenen Hirschen, Hamburg; Titel/S. 1–3: Factor Product, München

Printed in Hungary. Gedruckt auf 100% chlorfrei gebleichtem Papier

Anita Ericson ist in Wien geboren und im Wienerwald aufgewachsen, wo sie heute nach einem kurzen Stadtintermezzo wieder lebt.

Was reizt Sie an Österreich?

Als Teenager wollte ich nur raus aus dem Land. Erst heute weiß ich, was der Begriff Heimat bedeutet. Das hat nichts Altmodisches, sondern ist ein Teil von mir: Meine Wurzeln sind hier, und hier fühle ich mich rundum wohl. Allerdings glaube ich, dass unser „typisch" österreichischer Schlendrian, unsere Art, die Dinge zu sehen, auch eine gute Antwort auf die immer hektischer werdende Welt ist. Außerdem ist Österreich, rein vom Naturraum betrachtet: einfach schön!

Und was mögen Sie nicht so?

Die grauen, feuchten Hochnebeltage zwischen Mitte November und Weihnachten im Wiener Raum. Das ständige Jammern übers Wetter: zu heiß, zu kalt, zu feucht, zu trocken.

Wie leben Sie genau?

Ich wohne in einem Häuschen im Wienerwald mit eigenem Büro. Zwei Minuten zum Wald, zwanzig Minuten in die Stadt. Nur an schönen Sommertagen fällt mir das Arbeiten schwer, da lockt mich mein kleiner Schwimmteich schon gewaltig.

Was machen Sie beruflich?

Ich schreibe. Reiseberichte, Reportagen, Porträts, Interviews, Features, Reiseführer, Bücher. Und wenn ich mal Zeit habe, fallen mir noch ungefähr hundert Dinge ein, die ich angehen könnte ...

Was prädestiniert Sie als MARCO POLO Autorin?

Als Reisejournalistin komme ich weit herum. Umso mehr weiß ich die Schönheiten meiner Heimat zu schätzen. Aufgrund meiner Arbeit weiß ich auch, was man in fremden Landen an Infos für einen gelungenen Urlaub benötigt.

Was tun Sie in Ihrer Freizeit?

Wenn ich nicht gerade reise oder über neuen Projekten brüte – ich habe das Glück, meine Arbeit auch als mein Hobby zu betrachten – dann beschäftige ich mich mit meinem Hund: Wir gehen laufen und haben den Ehrgeiz, es im Agility (Hindernisparcours) noch weit zu bringen. Wenn ich nicht zu müde bin, lese ich Romane, koche oder treffe mich mit Freunden und genieße die Festivalsaison.

Mögen Sie die österreichische Küche?

Wie nicht? Man sieht es mir Gott sei Dank nicht an, aber ich liebe Essen. Und auch wenn ich mittlerweile exotische Gewürze schätze, greife ich gerne zu den Speisen meiner Kindheit: mit Marmelade gefüllte Palatschinken, Schweinsbraten mit Knödel, eine Jause mit Speckbrot, rohem Fleisch und Krenn. Heute trinke ich auch gerne ein Glas heimischen Weins dazu.

INHALT

> SZENE

S. 12–15: Trends, Entdeckungen, Hotspots! Was wann wo in Österreich los ist, verrät die MARCO POLO Szeneautorin vor Ort

> 24 STUNDEN

S. 102/103: Action pur und einmalige Erlebnisse in 24 Stunden! MARCO POLO hat für Sie einen außergewöhnlichen Tag in Graz zusammengestellt

> LOW BUDGET

Viel erleben für wenig Geld! Wo Sie zu kleinen Preisen etwas Besonderes genießen und tolle Schnäppchen machen können:

„Pannonisch" wohnen: originell und günstig S. 43 | Körperkunst am Wörther See S. 59 | Stilvolles Seebad zum Nulltarif S. 76 | Günstiges Hotelzimmer mit Sport- und Fun-Garantie S. 86

> GUT ZU WISSEN

Was war wann? S. 10 | Österreichische Spezialitäten S. 26 | Blogs & Podcasts S. 36 | Bücher & Filme S. 46 | Kabarett S. 51 | Die Kugel rollt S. 81 | www.marcopolo.de S. 112 | Was kostet wie viel? S. 113 | Wetter in Wien S. 114

AUF DEM TITEL
Von Salzburg bis Tirol: Outdoor Action S. 106 Moderne Kunst im Kloster S. 56

ENTDECKEN SIE ÖSTERREICH!

Unsere Top 15 führen Sie an die traumhaftesten Orte und
zu den spannendsten Sehenswürdigkeiten

Die Highlights sind in der Karte auf dem hinteren Umschlag eingetragen

 Melk

Das Benediktinerstift thront wie ein
Wächter am Eingang zur Wachau und
blickt auf eine glanzvolle Vergangenheit
als geistig-kulturelles Zentrum Europas
zurück (Seite 36)

 Wachau

Weltkulturerbe rechts und links der
Donau zwischen Melk und Krems.
Marillen und Wein prägen die Landschaft,
über die mächtige Burgen wachen
(Seite 37)

 **Nationalpark Neusiedler See/
Seewinkel**

Steppensee am östlichen Rand der
Alpenrepublik mit großer Artenvielfalt –
ein schönes Revier für Wanderer und
Radler (Seite 39)

 Museumsquartier

Das kurz MQ genannte Museumsareal in
Wien ist von atemberaubender Architektur und beherbergt u.a. zwei internationale Spitzenmuseen (Seite 47)

 Schönbrunn

Das im Rokokostil gehaltene Schloss samt
prächtigem Park und Zoo war die „Gar-
tenlaube" der First Family (Seite 48)

 Stift Admont

Neben der weltweit größten Klosterbib-
liothek sind die Kloster-Erlebniswelt und
die Kunstsammlung spannend (Seite 56)

 Südsteirische Weinstraße

In der steirischen Toskana im Grenzland
zu Slowenien wird charaktervoller Weißwein angebaut (Seite 62)

> DIE BESTEN MARCO POLO HIGHLIGHTS

1 Hochosterwitz
Die Ursprünge der imposanten Felsenburg bei St. Veit an der Glan gehen bis ins 9. Jh. zurück (Seite 66)

2 Hallstatt
Wunderschön und kulturhistorisch bedeutend ist der Ort mit seinem Salzbergwerk am gleichnamigen See (Seite 74)

3 Lentos Kunstmuseum
Am Linzer Donauufer gelegener Museumsbau, der die Kunst der klassischen Moderne beherbergt und junge Kunst zeigt (Seite 75)

4 Festung Hohensalzburg
Mittelalterliche Trutzburg, die über der Stadt thront und grandiose Ausblicke bietet (Seite 78)

12 Krimmler Wasserfälle
Über drei Kaskaden stürzen die Wassermassen wild schäumend 300 m in die Tiefe (Seite 81)

13 Bregenzerwald
Holzarchitektur von der Tür bis zum Dach, Käseköstlichkeiten von der Alm bis ins Tal (Seite 86)

14 Hungerburgbahn
Mit der ultramodernen Standseilbahn zwischen Innsbrucker Congresshaus und Hungerburg gewinnt man schnell an Höhe (Seite 89)

15 Villgratental
Osttiroler Seitental, in dem die Welt stehen geblieben zu sein scheint (Seite 96)

WAS FÜR EIN LAND!

Pertisau am Achensee

> Kleines Land – ganz groß. Der Besucher staunt, was er alles zu sehen bekommt: mächtige Dreitausender und zahllose Seen, dazwischen alte Dörfer, junge Städte und Kulturlandschaften, die schon lange vor der Römerzeit besiedelt waren. Wien, die große alte Metropole, überstrahlt alles und gibt sich seit ein paar Jahren jugendlicher denn je. Aber Graz, Linz, Innsbruck und Salzburg stehen ihr in nichts nach. Wintersportler kommen in Österreich genauso auf ihre Kosten wie Sommerfrischler – und Liebhaber des guten Essens sowieso. Nirgendwo sonst gibt es so viele Biobauern wie zwischen Bodensee und Neusiedler See.

> Österreich ist ein Naturjuwel. Gesegnet mit üppig grünen Landschaften, die einem das Herz aufgehen lassen. Das sollte man bedenken, wenn man mal den einen oder anderen Tag Regen zu beklagen hat. Hier gilt ohnehin: Es gibt kein schlechtes Wetter, bloß unpassende Kleidung. Das manchmal wankelmütige Wetter hält die Gäste auch nicht vom Kommen ab. Österreich zählt zu den führenden Tourismusnationen weltweit.

Die Gründe für die Beliebtheit bei den Gästen liegen in ebendiesen wunderbaren Landstrichen, in der reichen Kultur und in der Gangart der Bewohner. Einheimische lassen sich nicht gerne hetzen, sondern pflegen einen südlich anmutenden Schlendrian. Diese sprichwörtliche Gemütlichkeit ist eines dieser vielen Klischees, die über Österreich existieren: gekleidet in Lederhose oder Dirndl, stets einen Jodler auf den Lippen und abends im Frack oder Ballkleid tanzend – so werden die Österreicher gerne beschrieben. Bilder aus längst verstaubten Heimatfilmen, die nur mehr in allzu touristischen Orten zur Unterhaltung der Gäste als Bräuche präsentiert werden. Natürlich gibt es Traditionen und überlieferte Alltagskultur, doch – nur um ein Beispiel zu nennen – der Almabtrieb etwa findet abseits fremder Zaungäste nicht als buntes Spektakel statt. „Wir gengan afoch obe" (wir gehen einfach hinunter), ist dazu das passende Zitat eines Bauern aus Osttirol. Tracht wird heute nicht mehr im Arbeitsalltag getragen, sondern als selbstbewusstes Statement einer jungen Generation, die darüberhinaus sehr modern ist und besser mit dem Laptop umgeht als mit der Zither.

> **Jedes Bundesland hat seinen eigenen Charakter**

Mit der Bundeshauptstadt Wien sind es neun Bundesländer, die aufgrund ihrer Geschichte mehr oder weniger

Die Marktgemeinde Hadres im Weinviertel besitzt eine der schönsten Kellergassen des Landes

stark auf eine gewisse Eigenständigkeit pochen. Im Nachbarland Schweiz heißt das „Kantönligeist". Österreich, dessen Fläche mit 84 000 km^2 um einiges größer als die Bayerns ist und das mit 8 Mio. etwa so viele Einwohner wie Niedersachsen hat, ist ein Land der kleinen Strukturen. Groß ist nur die Geschichte. Außer Wien (2 Mio.) haben nur Graz, Linz, Innsbruck und Salzburg mehr als 100 000 Einwohner. Alles andere sind Dörfer, Märkte und Kleinstädte im klassischen Sinn. Auch der Wiener denkt und lebt kleinteilig. Sein Bezirk ist ihm wichtiger als die ganze Metropole. In diesem hat er sein Grätzl, das aus ein paar Gassen und einem Platz in nächster Umgebung besteht und aus dem Lieblingsbeisel – die wirkliche Heimat. Das alemannisch geprägte Vorarlberg trennen Welten vom pannonischen Burgenland, als läge ein Meer dazwischen, dabei sind es nur 800 km. Das Burgenland hat sich nach einer Volksabstimmung

1921 für Österreich entschieden, während Vorarlberg zur Schweiz wollte. Das Selbstverständnis der Tiroler gipfelt in der Aussage „Bist du ein Tiroler, bist du ein Mensch". Salzburg wiederum hat eine stark klerikal geprägte Vergangenheit, hatte es doch über viele Jahrhunderte (bis 1803) Regenten, die kirchliche und weltliche Macht in sich vereinten. Die Steiermark ist dem rebellischen Erzherzog Johann (1782–1859) verbunden, dem Bruder von Kaiser Franz II., der 1803 als letzter Kaiser des Heiligen Römischen Reiches Deutscher Nation abdankte. Kärnten ist wegen seiner populistischen Landespolitik in Verruf geraten, aber auch das wird nicht so heiß gegessen wie gekocht. Neben Oberösterreich zeigt Niederösterreich, das größte Bundesland, die geringsten Tendenzen, sich von Wien abzugrenzen. „Die Bundesländer", wie die Wiener den Rest Österreichs ein wenig despektierlich nennen, wollen den Wasserkopf der Verwaltungshauptstadt nicht kampflos hinnehmen.

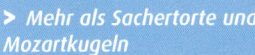

> ### Mehr als Sachertorte und Mozartkugeln

Die Sachertorte wird in die ganze Welt geschickt, und die Mozartkugel ist überall bekannt. Andere Länder verkaufen Stahl und Autos, was Österreich auch tut, aber ohne darüber zu reden. Dass das Land in einigen wissenschaftlichen und medizinischen Bereichen zur Weltspitze zählt, ist auch selten Thema von Schlagzeilen. Immerhin rangiert die vergleichsweise kleine Volkswirt-

WAS WAR WANN?

976 Österreich wird als Ostarrichi erstmals urkundlich erwähnt

1282 Rudolf von Habsburg begründet die 600 Jahre dauernde Herrschaft der Habsburger

1529 und 1683 Wien wird von den Türken belagert und kann sich beide Male befreien

1740 Maria Theresia besteigt den Thron und kann sich im Erbfolgekrieg behaupten

1780 Mit Josef II. kommt nach dem Tod Maria Theresias ein aufgeklärter Habsburger-Kaiser auf den Thron

1848 Franz Joseph I. besteigt 18-jährig den Thron und regiert bis 1916

1867 Nach Unruhen kommt es zur Gründung der k.u.k. Doppelmonarchie Österreich-Ungarn

1914 Die Ermordung von Thronfolger Franz Ferdinand in Sarajevo löst den Ersten Weltkrieg aus

1918/19 Nach dem Zusammenbruch der Monarchie Ausruf der Ersten Republik

1938 Besetzung Österreichs durch deutsche Truppen

1945 Nach dem Zweiten Weltkrieg wird das Land von den Alliierten in vier Zonen aufgeteilt

1955 Österreich wird wieder ein souveräner Staat

1995 Österreich wird vollwertiges Mitglied der EU

2007 Die sozialdemokratische SPÖ und die konservative ÖVP beginnen eine Koalitionsregierung

2009 Die nationale Fluglinie AUA wird an die Lufthansa verkauft

schaft EU-weit an 10. Stelle. Zum Vergleich: Die Holländer liegen an 6., die Finnen an 13. Stelle. Die Fragen, wer das Neujahrskonzert der Wiener Philharmoniker dirigiert, wer der nächste Staatsoperndirektor wird oder wer welche Gäste zum Opernball einlädt, liefern dagegen Stoff für Schlagzeilen und werden genüsslich ausgeschlachtet.

Mit der letzten EU-Erweiterung ist Österreich wieder mehr in die Mitte Europas gerückt. Wien entwickelt sich zunehmend zur Drehscheibe für den neuen Markt in Zentral- und Südosteuropa und belebt alte Kontakte, die zum Teil noch aus den Zeiten der Monarchie stammen. Dabei ist Österreich selbst erst seit 1995 vollwertiges EU-Mitglied. Das Land und seine Gesellschaft sind seither offener geworden. Auch in der Frage der Toleranz gegenüber Zuwanderern ist Österreich heute viel liberaler als sein Ruf.

> **Berge dominieren das Land, Seen erheitern es**

Die Berge dominieren das Land, die Seen erheitern es. Österreichs Gebirge sind im Sommer wie im Winter Erlebnislandschaften, die „alle Stückerln spielen", was so viel heißt wie, das ist super. Für das zögerliche Anfreunden des Flachländers mit den Bergen sind die Angebote ebenso vorhanden wie für Millionen von begeisterten Wanderern, Bergsteigern und Wintersportlern. Auch Extremalpinisten kommen voll und ganz auf ihre Kosten. Um das kostbare Gut weitgehend unberührter Landschaft zu schützen und zu pflegen, wurden Nationalparks errichtet. Der größte und älteste unter ihnen, der Nationalpark Hohe Tauern, erstreckt sich über die Bundesländer Salzburg, Kärnten und Tirol. Den fehlenden Meeresstrand macht Österreich durch eine Unmenge an Seen wett. Vom etwas

Neben Bergen und Seen gibt es mit der Wachau, dem Weinviertel und dem Burgenland über Jahrtausende gepflegte Kulturlandschaften, in denen Weine von Weltgeltung produziert werden. Und in jedem Ort des Landes gibt es was „G'scheites" zum Essen – ob nun Bodenständiges neu interpretiert oder Internationales ös

Die Marienwallfahrt im Kärntner Lesachtal führt alljährlich zur Basilika Maria Luggau

unterkühlten, dafür glasklaren Bergsee bis zum Wörther See als Riesenplantschbecken sind sie in allen Größen, Höhenlagen, Temperaturen und Wasserfarben vorhanden. Wasser spielt auch in seiner Heilwirkung, vor allem entlang der sogenannten Thermenlinie, die sich über Niederösterreich, das Burgenlandund die Steiermarkerstreckt, eine wichtige Rolle.

terreichisch pointiert auf den Tisch kommt. Österreichische Gastfreundschaft erstreckt sich selbstverständlich auch auf das Wohnen. Die Quartiergeber haben zudem viel in ihre Betriebe investiert, Genießerzimmer, Winzerzimmer oder Designhotels lassen keine Wünsche offen. Doch egal ob Hotel oder Bauernhof, stets wird der Gast mit echter Herzlichkeit empfangen.

TREND GUIDE ÖSTERREICH

Die heißesten Entdeckungen und Hotspots!
Unser Szene-Scout zeigt Ihnen, was angesagt ist

Susanne Hoheisel

Als freie Reisejournalistin erkundet Susanne Hoheisel Traumziele dieser Welt, doch die Alpen und Österreich haben für sie ihren eigenen unwiderstehlichen Charme. Es sind die Gegensätze, die sie anziehen: die karge Felslandschaft und die üppigen Blumenwiesen, die kleinen Bergdörfer und die Metropole Wien. So oft es ihre Zeit erlaubt, trifft man unsere Szene-Autorin beim Wandern und Shoppen.

ÜBER DEN GIPFELN

Fernblick statt Weitblick?

Ein umstrittener Trend macht sich in Österreich breit: Aussichtsplattformen! Für die einen garantieren sie einen grandiosen Blick über die Bergwelt, für die anderen – vor allem Naturschützer – sind sie eine Belastung für die Umwelt! Auf der 250 m steil abfallenden Felswand des Hunerkogel betreten Besucher den *Dachstein Sky Walk*. Für besonderen Nervenkitzel sorgen die Teile des Bodens, die verglast sind (*www.schladming-dachstein.at*, Foto). Die Gipfelplattform *Top of Tyrol* befindet sich am Grat des Großen Isidors auf 3210 m Höhe – mitten im Reich der Dreitausender. Beim 360-Grad-Rundumblick schauen Sie auf Stubaier Alpen, Dolomiten und Ortlermassiv. Der *Top Mountain Star* ist in Hochgurgl. In der verglasten Panoramabar können Sie nicht nur schauen, sondern auch genießen (*www.tophotelhochgurgl.com*).

SZENE

▶▶ KUNSTVOLLE KALORIEN

Mehr als nur Schokolade

Trüffel, Shiitake-Pilze, Veilchenblätter und Thymian – wohl die wenigsten denken bei diesen Wörtern an Pralinen. Nicht so Österreichs Schokolatiers. Sie haben es sich zur Aufgabe gemacht, süße Kunstwerke zu kreieren. Die Konditorei *Bachhalm* hat sich erst vor kurzem den „Superior Taste Award" geholt – den begehrtesten Preis der Branche (*Hauptplatz 1, Kirchdorf, www.bachhalm.at*). *Blühendes Konfekt* hat sich nicht ohne Hintergedanken diesen Namen gegeben. Hier wird tatsächlich mit Blüten gearbeitet. Je nach Saison und Sammelglück können Sie z.B. Blütendolden von Traubenkirsche in Limettenschokolade oder Preiselbeer-Marzipan & Wildthymian mit Nelkenblüten erstehen (*Schmalzhofgasse 19, Wien, www.bluehendes-konfekt.com*, Foto). Kombis mit Bergkäse kommen von *Zotter* (*Bergl 56, Riegersburg, www.zotter.at*).

▶▶ EXTREM

Bis an die Grenzen

Österreich ist ein Mekka für Extremsportler – ob Biker, Skitourengeher oder Jogger, alle kommen auf ihre Kosten. Beim *Mountain Attack* in Saalbach-Hinterglemm erklimmen jedes Jahr Mitte Januar Skitourengeher fünf Gipfel und legen dabei 3000 Höhenmeter zurück. Zuschauer können zum Wettkampf kostenlos mit dem *Schattberg X-Press* auf den Berg fahren (*www.mountain-attack.at*, Foto). Rauf aufs Rad und erst nach 2200 km und 30 000 Höhenmetern wieder absteigen: Das *Race around Austria* lässt alle *Tour-de-France*-Teilnehmer wie Anfänger aussehen (*www.racearoundaustria.at*). Auch der Karwendelmarsch hat es in sich. Vor allem für die Läufer: Diese joggen 52 km quer durch den Alpenpark Karwendel von Scharnitz nach Pertisau an den Achensee. Für gemäßigtere Sportler gibt es auch Nordic-Walking- und Wanderwertungen (*www.karwendelmarsch.info*).

▶▶ CHILLOUT

Relax in Style

In den Beachbars entfliehen Sie dem Alltag. Der *Jilly Beach* am Wörther See vereint Design und Genuss. Von DJ-Events bis hin zu sommerlichen Cocktails und saisonalen Gerichten ist das Konzept aufs Wohlfühlen ausgerichtet *(Blumenpromenade, Pörtschach am Wörther See, www.jilly beach.com)*. Mit Musik, Sportangeboten und einer Cocktaillounge lockt der *Vienna City Beach Club (Donauufer im 22. Bezirk, Wien, www.vcbc.at)*. In Innsbruck wurde aus einem schnöden Parkplatz am Inn eine sommerliche Oase. Relaxt wird im *Powers* zu Chillout-Sound auf gemütlichen Liegen *(Rossaugasse 11, Innsbruck, www.powers.co.at)*.

▶▶ FUN & SPORT

Auf drei Rädern ins Tal

Vorsicht auf Österreichs Bergwegen! Neuerdings rasen Actionhelden auf einem Gefährt, das einem Go-Cart – nur ohne Motor – ähnelt, zu Tal. *Twin Racer* oder *Mountaincart* nennen Insider das Dreirad. Das Besondere an dem neuen Sportgerät sind ein extrem tiefer Sitz, der eine hohe Fahrstabilität garantiert, Offroad-Räder und hydraulische Scheibenbremsen. Leihen können Sie die Fahrzeuge u. a. auf der *Kala-Alm (Schneeberg 50a, Thiersee, www.kala-alm.at)* und bei *High end Rent (Talstation Marienbergbahn, Marienbergweg 9, Biberwier, www.highendrent.at, Foto)*.

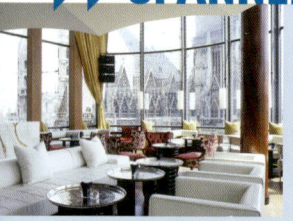

▶▶ SPANNENDE ARCHITEKTUR

Modern trifft alt

Im Land der Almen haben sich Architekten einiges vorgenommen und schaffen spektakuläre Bauten, die auch vor Supermärkten nicht Halt machen. Die Kette *M-Preis* hat z. B. in Sölden einen modernen Kubus aus Holz und Glas direkt in und über eine Schlucht stellen lassen *(Dorfstraße 153, Sölden, www.mpreis.at)*! Die Open-Air-Bühne *Wolkenturm* in Grafenegg ist preisgekrönt. Gut 15 m ragt der Wolkenturm bis hinauf in die Baumwipfel *(Schlosspark Grafenegg, www.grafenegg.at)*. Moderne Architektur in altehrwürdiger Gesellschaft: In direkter Nähe zum Wiener Stephansdom befindet sich das Designhotel *Do & Co (Stephansplatz 12, Wien, www.doco.com, Foto)*.

▶▶ EXPERIMENTELLER SOUND

Neue Wege des Pop

Österreichs Musiker positionieren sich abseits des Mainstreams. Sängerin *Eva Jantschitsch* bezeichnet ihre Musik als *Projekt Gustav (http ://gustav.cuntstunt.net)*. Die Newcomer der Stunde sind *Garish*. Die Indie-Pop-Band unterlegt ihren eigenwilligen Sound mit lyrischen Texten *(www.garish.at,* Foto). Auch *Clara Luzia (www.claraluzia. com)* geht neue Wege. Die sechsköpfige Band verbindet

anspruchsvollen Pop mit amerikanischem Folk. Hören können Sie die experimentellen Rhythmen z. B. im *Flex (Am Donaukanal, Abgang Augartenbrücke, Wien, www.flex.at)*. Auch im *Heureka*, einer Kombi aus CD-Shop, Galerie, Plattenstudio und Musikbar, finden Konzert statt *(Skodagasse 17, Wien, www.heurekord.com)*.

▶▶ SHOPPINGLUST

Lässige Labels ziehen an

Unaufgeregte Mode entwirft die junge Designerriege Österreichs. *Maronski* kreiert den urbanen Style, der selbstbewusste Frauen ansprechen soll. Shirts, Hosen, Kleider und Co. wirken auf den ersten Blick schlicht, weisen aber beim genauen Hinsehen kleine Raffinessen auf. Die alltagstauglichen Outfits sind sportlich-elegant *(Lindengasse 1, Wien, www.maronski.at)*. Das Label *Anzüglich* sorgt nicht nur mit außergewöhnlichen Entwürfen für Aufsehen, sondern auch wegen der Zusammenarbeit mit der *NGO 2B* in Cuzco/Peru. Der Verein ermöglicht es gehörlosen peruanischen Frauen, als selbstständige Schneiderinnen zu arbeiten *(Theobaldgasse 9, Wien, www.anzueglich.at)*. In den Läden von *Disaster Clothing (Kirchengasse 9 und Neubaugasse 7, www.disasterclothing.at)* finden Modefans neben internationalen Labels auch die Stücke von angesagten österreichischen Designern wie *Elke Freytag (Lindengasse 14, www.elkefreytag.com,* Foto).

ADRENALIN

Je steiler, desto attraktiver: Kletterrouten der allerhöchsten Schwierigkeitsstufe, Mountainbike-Downhill-Rennen über 80 Prozent Gefälle, mit dem Board im freien Fall. Die Berge laden ein, an die Grenzen zu gehen. Eine Herausforderung, der sich die Alpenbewohner gerne stellen – Frauen wie Männer. Wer schon auf Skiern steht, bevor er richtig laufen kann, wer auf Berge kraxelt, bevor er weiß, was Höhenangst ist, hat dem Städter einiges voraus. Wer seit Kindesbeinen in der Bergen unterwegs ist, läuft noch als 70-Jähriger mühelos allen voran. Es gibt in Österreich eine große Community, die extrem sportlich unterwegs ist; entsprechend groß ist auch das Angebot: tausende Kilometer an Mountainbikestrecken, Kletterrouten und -steige, Rafting- und Canyoningtouren, Kajakschulen, Pa-

Bild: Stopfenreuther Au im Nationalpark Donauauen

STICH WORTE

ragleitstartpunkte, Fallschirmspring-
events ... Die ehrgeizigsten unter den
Sportlern treffen sich zum Kräftemes-
sen in ihren Disziplinen in – für
Durchschnittsmenschen absolut
wahnwitzigen – Contests. Etwa zur
Mountainbike Trophy im Salzkammergut (200 km über enge, glitschige,
steinige, steile Waldwege), zum
Kärntner Ironman (3,8 km schwim-
men, 180 km Rad fahren, 42 km
laufen) oder zu den *Nordica Xtreme*

Days (freeriden über die vereisten
Hänge am Arlberg).

HEURIGER

Überall, wo Wein angebaut wird, gibt
es die Institution des Heurigen, der in
manchen Gegenden auch Buschen-
schank genannt wird. Ein Heuriger ist
ein Lokal, in dem Eigenbauweine
ausgeschenkt und kleine, kalte Speisen angeboten werden. Ein klassi-

scher Heuriger hat nicht das ganze Jahr über geöffnet, sondern immer nur wochenweise, in den Weinbauregionen gibt es dazu eigene Heurigenkalender. Ist geöffnet, wird ein Busch vor den Eingang gehängt, damit ist „ausgesteckt". Aus dieser Urform sind Heurigenrestaurants entstanden, die im Rahmen einer Gewerbekonzession auch Fremdweine und richtige Küche anbieten. Buschenschanken gibt es im Übrigen auch in jenen Landesteilen, die Moste produzieren, statt Trauben- wird hier Obstwein ausgeschenkt.

KAFFEEHAUS

Kaffee oder Café wird in Österreich auf der zweiten Silbe betont. Wer diese Sprachregelung beherrscht, hat beim Ober, wie der Kellner im Kaffeehaus heißt, fast schon gewonnen. Wer beim Bestellen zusätzlich noch weiß, ob er einen kleinen oder großen Braunen oder doch lieber eine Melange trinken will, sieht, wie erleichtert der Ober ist, keinen Banausen vor sich zu haben. Eine *Melange* ist ein Espresso mit Milchschaum, ein *Brauner* ein schwarzer Kaffee, serviert mit einem Extra-Kännchen Sahne. Der *kleine* Braune ist ein einfacher, der *große* ein doppelter Espresso. Das Glas Wasser ist zum Kaffee obligatorisch. Neben einer kleinen Auswahl von Kuchen und Zwischengerichten werden mittags in den meisten Kaffeehäusern auch klassische Gerichte der Wiener Küche serviert.

Die Zeit der Kaffeehausliteraten ist zwar längst vorbei, trotzdem zählen Schriftsteller nach wie vor zu begeisterten Kaffeehausgängern. Robert Menasse, bekannt für seine essayistische Literatur, sitzt gerne im Wiener *Café Sperl,* während Ilse Aichinger, die große alte Dame der österreichischen Literatur, meist im *Tirolerhof* anzutreffen ist. Im Kaffeehaus wird gearbeitet, werden Geschäfte besprochen, Verträge geschlossen und wird Politik gemacht. Das *Landtmann* neben dem Burgtheater vermittelt mitunter den Anschein, als sei es eine Außenstelle des nahen Parlaments. Weitere typische Kaffeehäuser sind *Central, Bräunerhof, Prückel* und *Schottenring* (Wien), *Traxlmayer* (Linz), *Bazar* und *Tomaselli* (Salzburg) und *Central* (Innsbruck). Die Auswahl an Zeitungen und Magazinen ist groß, seit Kurzem wird auch Gratiszugang zu WLAN angeboten.

KLÖSTER

Der ausgeprägte und vom Kaiserhaus verteidigte Katholizismus hat die meisten Klöster besonders in ländlichen Gebieten zu Macht und Einfluss geführt. Sie waren Zentren der Kultur und Bildung sowie der Landwirtschaft und des Weinbaus – und sind es bis heute geblieben. Trotz wirtschaftlicher Krisen und der Josefinischen Reform, die Ende des 18. Jhs. zur Auflassung von Klöstern führte, konnten sich die meisten bis in die Gegenwart retten. Wohl auch deshalb, weil ein Großteil der Klöster über immense Kunstschätze verfügt. So besitzt das Benediktinerstift St. Paul im Lavanttal nicht nur eine Gemäldegalerie, die jedes Museum vor Neid erblassen lässt, sondern auch eine Fülle wertvoller Originalurkunden und Gesetzestexte. Ebenso reich ausgestattet sind die Kunst- und Wunderkammern anderer großer Klöster wie Melk, Klosterneuburg, Heiligenkreuz, Göttweig, Zwettl, St. Florian, Kremsmünster oder Stams in Tirol. Viele der Klöster haben ihre Pforten auch für Erholung Suchende geöffnet. Das Angebot reicht von der Übernachtung über die Teilnahme an

deutschen Wortschatzes mehr oder weniger typisch österreichisch sind. Am häufigsten sind Austriazismen in der Verwaltungs- und Küchensprache zu finden. *Urgieren* heißt auf Entscheidung drängen, das Erbe ist die *Verlassenschaft,* die Fraktion heißt im österreichischen Parlament, dem Nationalrat, *Klub,* und der müde Kopf

Das Stift Melk in der Wachau ist eines der bedeutendsten Klöster Österreichs

Gebeten bis zur Übernahme von Arbeiten *(www.kloesterreich.at).*

ÖSTERREICHISCH/ DEUTSCH

Der größte Unterschied zwischen Deutschen und Österreichern liegt in der gemeinsamen Sprache. Germanisten wissen, dass 2–4 Prozent des

liegt auf einem *Polster.* Ein paar Beispiele, um die Speisekarte richtig zu lesen: *Topfen* steht für Quark, *Faschiertes* für Hackfleisch, *Fisolen* für grüne Bohnen, *Karfiol* für Blumenkohl und *Marille* für Aprikose. Verzwickt wird's mit dem *Obers* (Sahne), der als *Kaffeeobers* in den Kaffee kommt, als *Schlagobers* auf die Torte und im Westen *Schlagrahm* heißt. Je weiter es von Wien in den

Westen geht, desto mehr wird Dialekt gesprochen. In Vorarlberg ist der Einfluss des Alemannischen vorherrschend, der bayerisch-österreichische Sprachraum erstreckt sich über weite Teile Tirols, Salzburgs, Oberösterreichs und der Steiermark. Wien spricht anders, das Wienerische hat Einflüsse der ehemaligen Länder der Monarchie und des Jiddischen aufgesogen und ist sehr bildhaft.

SISI

Elisabeth, Kaiserin von Österreich und Königin von Ungarn, ist heute zweifellos das bekannteste Familienmitglied der Habsburger. Am 24. Dezember 1837 als Elisabeth in Bayern geboren, wurde sie am 24. April 1854 in der Wiener Augustinerkirche mit Kaiser Franz Joseph I. verheiratet, obwohl ursprünglich ihre Schwester Helene als dessen Frau vorgesehen war. Um Sisi rankten sich schon zu Lebzeiten viele Legenden. Aber erst nachdem sie 1898 in Genf einem Attentat zum Opfer gefallen war, entstand der Mythos Sisi, der bis heute anhält. Das Interesse am Sisi-Kult belegen auch die auf Schloss Fuschl gedrehten und gern wiederholten Sissi-Filme aus den 1950er-Jahren mit Romy Schneider und Karlheinz Böhm. Das Musical „Elisabeth" wurde lange mit Erfolg am Theater an der Wien aufgeführt. Das Sisi-Museum in der Wiener Hofburg präsentiert die Kaiserin als private Frau und Mutter. Auch im Schloss Schönbrunn sind eigene Sisi-Räume zu besichtigen, und im Hofmobiliendepot wird die Ausstellung „Sissy im Film, Möbel einer Kaiserin" gezeigt.

SKI-ASSE

Mit 140 km/h über eine Abfahrtspiste zu jagen gehört zum Alltag von Skirennläufern. Zum Vergleich: Die erlaubte Höchstgeschwindigkeit auf Österreichs Autobahnen beträgt 130 km/h. Bei großen Weltcuprennen bangt das ganze Land um den Erfolg seiner Asse, die wie Nationalhelden gefeiert werden. Kein Fußballspiel bewegt die Massen so sehr wie das Rennwochenende in Kitzbühel oder der Nachtslalom in Schladming. Kollektiv werden die Daumen gedrückt, wenn Marlies Schild, Nicole Hosp, Marcel Hirscher oder Benni Raich um Hundertstelsekunden kämpfen. Ähnlichen Ansturm vor den Fernsehern erzeugen die Skispringer, allen voran Gregor Schlierenzauer und Thomas Morgenstern, wenn sie zum Jahreswechsel zur Vier-Schanzen-Tournee antreten – im Clinch mit den deutschen Athleten, das hat in Österreich Länderspielcharakter.

UMWELTSCHUTZ

Österreichs wichtigste Ressourcen sind die Vielfalt der Landschaft und eine weitgehend intakte Umwelt, die es zu bewahren gilt. Eine wichtige Funktion kommt dabei den sechs Nationalparks *(www.nationalparks. at)* zu, von denen der in den Hohen Tauern der größte ist und 2006 in die Kategorie I der IUCN (Weltnaturschutzunion) aufgenommen wurde. Der Gedanke, die Alpen zu schützen, wurde bereits zu Beginn des 20. Jhs. geboren. Die Umkehr im umweltpolitischen Denken hat zwei markante Daten. Erstens die Volksabstimmung gegen die Inbetriebnahme des Atomkraftwerks Zwentendorf 1978 und zweitens die Besetzung der Hainburger Au 1984, die den Bau des Donaukraftwerks verhinderte und als Geburtsstunde der österreichischen Grünen gilt, die, anders als jene in Deutschland, eine Regierungsbeteiligung auf Bundesebene noch vor sich haben. Die Hainburger Au ist seit 1996 Teil des Nationalparks Donauauen. Ein nachhaltiger Umgang mit den Ressourcen ist gesellschaftlicher Konsens, und die Umbenennung des Ministeriums für Land- und Forstwirtschaft in „Lebensministerium" ist nicht nur Wortkosmetik.

WALZER

„Alles Walzer!" Mit dieser Aufforderung des Zeremonienmeisters wird auf den großen Schwarz-Weiß-Bällen in Wien das Parkett zum Tanz freigegeben. Schon nach wenigen Schritten zu den ersten Klängen des Donau- oder Kaiserwalzers zeigt sich, wer es gut und wer es weniger gut kann. Was letztlich unerheblich ist, denn die Walzerseligkeit liegt in der Musik und nicht in der Perfektion der Tanzschritte. Höhepunkte der Ballsaison sind der Philharmonikerball und der Opernball, an dem auch die Bundesregierung mit zahlreichen ausländischen Gästen teilnimmt. Von ganz anderem Kaliber ist der Life Ball, Europas größtes Aids Charity Event im Sommer im Wiener Rathaus. Im Mittelpunkt steht eine gigantische Fashionshow, die von bekannten Modedesignern wie Jean-Paul Gaultier, Donatella Versace und Vivienne Westwood gestaltet wird.

Walzerseligkeit verspricht alljährlich im Januar der Wiener Opernball

MUSIK, LITERATUR & TRADITION

Weil das Leben selbst meist kein Fest ist, kann gar nicht oft genug gefeiert werden

> Österreich ist ein katholisches Land, es zählt zu den europäischen Ländern mit den meisten Feiertagen, die für alle Bundesländer gelten. Vor allem im Frühjahr sind Feiertage dicht gesät. Klassische Festspiele, jugendliche Festivals (Open-air-Events) und Brauchtumsveranstaltungen (Krampus- und Perchtenläufe, Oster- und Sonnwendfeuer, Kirtage) verteilen sich übers ganze Jahr.

■ GESETZLICHE FEIERTAGE ■

1. Jan. Neujahr; **6. Jan.** Fest der Hl. Drei Könige; **Ostermontag; 1. Mai** Tag der Arbeit; **Christi Himmelfahrt; Pfingstmontag; Fronleichnam; 15. Aug.** Mariä Himmelfahrt; **26. Okt.** Nationalfeiertag; **1. Nov.** Allerheiligen; **8. Dez.** Mariä Empfängnis; **25./26. Dez.** Weihnachten

■ FESTE UND VERANSTALTUNGEN

Januar
Lauf der Pinggalperchten in Mayrhofen (Zillertal), *Lauf der Schnabelperchten* in Rauris und *Glöcklerlauf* in Ebensee; Kos-

tümierte sollen böse Geister vertreiben. *Mozartwoche* in Salzburg: Musikfest, das der Pflege des Mozart-Œuvres gewidmet ist. *www.mozarteum.at*

Februar/März
Fasching in Bad Aussee mit Flinserlkostümen, *Schemenlauf* in Imst (alle 4 J.), *Schellerlauf* in Nassereith (alle 3 J.), *Schleicherlaufen* in Telfs (alle 5 J. | *www.schleicherlaufen.at*), *Villacher Fasching (www.villacher-fasching.at)*

März/April
Rauriser Literaturtage: Autorenlesungen in Wirtshäusern. *www.rauriser-literatur tage.at*
Salzburger Osterfestspiele: Palmsonntag bis Di nach Ostern. *www.osterfestspiele-salzburg.at*
Diagonale in Graz: Festival des österreichischen Films. *www.diagonale.at*

Mai/Juni
Narzissenfest in Bad Aussee. *www.nar zissenfest.at*

Aktuelle Events weltweit auf www.marcopolo.de/events

> EVENTS
FESTE & MEHR

Seeprozession in Hallstatt: Fronleich-
namsumzug.
*Wiener Festwochen. www.festwochen.
at*

Juni/Juli
Jazzfest Wien: internationale Jazzgrößen
im Einsatz. *www.viennajazz.org*
Donauinselfest in Wien: Das größte
Openair-Event Europas. *www.donau
inselfest.at*
Prangstangen in Zederhaus und Muhr:
Parade meterhoher Blumensäulen.
Styriarte: Musikfestival in Graz unter der
Leitung von Nikolaus Harnoncourt.
www.styriarte.com
Insider Tipp *Tanzsommer:* Innsbruck wird zum Mittel-
punkt der Tanzwelt. *www.tanzsommer.
at*
Life Ball in Wien: schräger Aids-Charity-
Ball mit internationalen Stars. *www.life
ball.org*

Juli/August
Impulstanz: internationales Dance Festival in Wien. *www.impulstanz.com*

Glatt & Verkehrt in Krems: Volksmusik **Insider Tipp**
aus allen Ländern, neu interpretiert.
www.glattundverkehrt.at
*Salzburger Festspiele. www.salzburgfes
tival.at*
*Bregenzer Festspiele. www.bregenzer
festspiele.com*

September/Oktober
Ars electronica: Festival für elektronische
Musik in Linz. *www.aec.at*
Haydn-Festspiele in Eisenstadt.
www.haydnfestival.at
Steirischer Herbst: Avantgardekunst in
Graz. *www.steirischerherbst.at*
Bauernherbst im Salzburger Land:
Brauchtumsveranstaltungen. *www.
bauernherbst.at*
Weinherbst: Feste rund um den Wein in
Niederösterreich. *www.weinherbst.at*

November
Krampusläufe: besonders sehenswert in
Bad Goisern und Schladming.

> VERSCHIEBEN SIE IHRE DIÄT AUF SPÄTER

Vielfältig, deftig, schmackhaft: Gutes Essen ist den Österreichern eine Herzensangelegenheit

> Die Volksweisheit, wonach Essen Leib und Seele zusammenhält, ist hierzulande keine leere Phrase. Dabei muss gutes Essen keinesfalls aufwendig sein. Viel wichtiger sind die hohe Qualität der Zutaten, Phantasie bei der Zubereitung und der Rückgriff auf traditionelle Gerichte.

Der Anspruch an qualitativ hochwertige Lebensmittel und die kleinteilige Landwirtschaft haben für europäische Verhältnisse sehr früh zu einem verstärkten Ausbau des biologischen Anbaus geführt, von dem Privathaushalte genauso profitieren wie touristische Betriebe. Auch die gehobene österreichische Küche setzt immer mehr auf Bioprodukte.

Dabei ist es gar nicht korrekt, von einer österreichischen Küche zu sprechen. Es gibt viele regionale, bäuerlich geprägte Küchen und die Wiener Küche, die oft mit der Österreichischen gleichgesetzt wird: Während in

Bild: Wien, Spittelbergviertel

ESSEN & TRINKEN

anderen Ländern die Entstehung der Nationalstaaten zu Beginn des 19. Jhs. die Ausbildung nationaler Küchen mit sich brachte, wurde die Küche der Habsburger Monarchie, die mehrere Staaten umfasste, nach der Reichshaupt- und Residenzstadt benannt. Die Wiener Küche, wie wir sie heute kennen, ist ein kulinarischer Flickenteppich und besteht aus Gerichten, die in allen Teilen der Monarchie gekocht wurden. Was gut war,

schaffte den Weg nach Wien, und was besser war, hatte dort auch Bestand. So kamen das Gulasch aus Ungarn, die Mehlspeisen aus Böhmen, und das Wiener Schnitzel wurde den Mailändern abgeschaut. Selbst der Tafelspitz, das gekochte Gustostückerl vom Rind, hat große Ähnlichkeit mit dem italienischen *bollito misto*. Der Tafelspitz, der schon zu den Leibgerichten von Kaiser Franz Joseph I. zählte, ist längst zu einer kulinarischen Institution geworden. Es dominieren Fleischgerichte, die mal raffiniert, mal deftig zubereitet werden. Das hat seinen Grund darin, dass die heutige Wiener Küche sowohl auf der herrschaftlichen Küche als auch auf jener der Dienstboten basiert. So sind z.B. auch Innereien fixe Bestandteile Wiener Menüs.

Neben der Wiener Küche finden sich auf den Speisekarten zahlreiche regionale Gerichte, die bäuerlichen Ursprungs sind. Den Vorarlbergern sind die Käsknöpfle lieb, den Tirolern die Schlutzkrapfen, den Salzburgern die Kasnocken und den Oberösterreichern die Knödel. Alle diese Gerichte haben eines gemeinsam, es fehlt das Fleisch. Früher kam Fleisch in den gebirgigen Regionen nur zu hohen Feiertagen auf den Tisch. Das meiste Fleisch wurde durch suren (pökeln) und selchen (räuchern) als Vorrat angelegt. Dadurch spielt der Speck

> SPEZIALITÄTEN
Genießen Sie die typisch österreichische Küche!

Backhendl – Knusprig paniertes, zartes Hendl, vorzugsweise mit Vogerlsalat (Feldsalat) serviert

Blunzenradl – gebratene Blutwurst mit Sauerkraut

Kaiserschmarrn – Pfannkuchenteig aus Eiern, Mehl, Milch und Rosinen. Wird gerne mit Zwetschkenröster (Kompott) gegessen

Käsknöpfle – Spätzle mit geriebenem, würzigem Käse

Klachelsuppe – gespaltene Schweinshaxen (Klacheln) werden in Kräutersud weich gekocht

Linzer Torte – Teig aus Butter, Zucker, Eiern, Mehl, Haselnüssen und Bröseln, der dick mit Ribisel- (Johannisbeer-) Marmelade bestrichen wird

Marillenknödel – Knödel aus Topfen(Quark)- oder Kartoffelteig, mit Aprikosen gefüllt und mit gezuckerten Semmelbröseln bestreut (Foto)

Palatschinke – dünner Pfannkuchen, der mit Marmelade oder Schokolade gefüllt wird

Salzburger Nockerl – Masse aus steif geschlagenem Eiweiß mit Puderzucker, Eigelb, etwas Mehl und geriebener Zitronenschale gebacken

Schlutzkrapfen – Ravioli nach Tiroler Art mit Bergkäse und passierten Kartoffeln

Tafelspitz – gedünstetes Rindfleisch, das mit Gemüse, Röstkartoffeln und Oberskren (Sahnemeerrettich) auf den Tisch kommt

Topfenstrudel – Strudel mit Topfen-(Quark-)füllung in Eier-Milch-Aufguss, regional mit Vanillesauce

Wiener Schnitzel – mit Mehl, Ei und Semmelbröseln paniertes Kalbfleisch, meist nur mit Salat serviert

auch in der heutigen Küche immer noch eine große Rolle. Auch die Mehlspeisenküche verdankt der fleischarmen Kost ihre landesweite Bedeutung. Was würden wir vermissen, gäbe es keinen Schmarrn, keine Buchteln, Dalken, Strudel oder gefüllte Palatschinken, die in Haushalten auch heute noch oft als Hauptgerichte auf den Tisch kommen!

Weinkenner weltweit wissen, was sie an österreichischen Weinen haben, ob sie nun aus der Wachau kommen, wo hauptsächlich Weißwein, oder aus dem Burgenland, wo überwiegend Rotwein angebaut wird. Dass der heutige Qualitätsstandard dem seinerzeitigen Weinskandal, als Winzer Glykol in den Wein mischten, zu verdanken sei, ist nur die halbe Wahrheit. Sicherlich hat er ihn beschleunigt, aber die Avantgarde hatte Ende der 1970er-Jahre bereits den Weg zur Qualität eingeschlagen. Außer in Niederösterreich und dem Burgenland wird Wein auch in der Steiermark und sogar in Wien und Kärnten, wo Österreichs höchstes Weinanbaugebiet liegt, angebaut. Was den Weißwein angeht, ist der Grüne Veltliner, ein eher spritziger und leicht pfeffriger Wein, die österreichische Haussorte. Von ganz anderem Charakter ist der Morillon, die steirische Variante des Chardonnay. Der Schilcher, ein Rosé, ist eine sogenannte autochthone Sorte, das heißt, er kommt nur in der Südweststeiermark, im sogenannten Schilcherland, vor. Was für den Weißwein der Grüne Veltliner, ist für den Rotwein der Zweigelt.

Glaubt man der Statistik, wird in Österreich dreimal so viel Bier wie Wein getrunken. Das Salzburger Land kann mit einer großen, von den Klöstern ausgehenden Biertradition aufwarten, ebenso wie Tirol und Vorarlberg. In Oberösterreich und in Teilen Kärntens wird eher (Apfel-)Most getrunken, im niederösterreichischen Mostviertel hat der Birnenmost in den vergangenen Jahren eine unerwartete Renaissance erlebt. Wo Wein angebaut und Most gekeltert wird, gibt es auch Schnäpse. Die über das ganze Land verstreuten Destillerien produzieren Hochprozentiges, handelt es sich nun um einen Birnenen, Marillenen (Aprikosen), Trebernen (Trester) oder gar Vogelbeerenen (aus den Früchten der Eberesche), von wahrhaft erhellender Qualität, heißt es doch, ein guter Schnaps fördere die Verdauung und erhelle den Blick auf die Welt.

MADE IN AUSTRIA

Süße Erinnerungen, poppige Trachten und eine Riesenauswahl an Keramik und Glas

> Um handwerklich Hergestelltes zu kaufen, ist Österreich eine gute Adresse. Das gilt für kunsthandwerkliche Gegenstände ebenso wie für Kleidung und Nahrungsmittel. In Wien ist Shopping im Hochpreisquadrat um Kohlmarkt und Graben im 1. Bezirk und auf der Mariahilfer Straße, Europas längster Einkaufsstraße, angesagt, wo alle internationalen Modeketten vertreten sind und Österreichs größte Schuhgeschäfte zum Geldausgeben verführen. Dazwischen finden sich auch noch alteingesessene Geschäfte, an deren Einrichtung sich seit der Kaiserzeit nichts geändert hat. Die junge Avantgarde für Mode und Accessoires ist im 7. Bezirk im Bereich Linden-, Zoller-, Neubau- und Zieglergasse zu Hause.

◼ ANTIKES ◼◼◼◼◼◼

Wer nach Antiquitäten und Trödel Ausschau hält, wird in den Wiener Bezirken innerhalb des Gürtels glücklich oder in Salzburg, wo jährlich zu den Osterfestspielen in der Residenz eine große Antiquitätenmesse stattfindet. Für viele Wien-Besucher ist ein Besuch auf dem Flohmarkt an der Wienzeile am Samstagvormittag fast schon ein Ritual. Gut stöbern lässt es sich auch auf dem Flohmarkt auf der Esplanade in Bad Ischl, der jeden ersten Samstag im Monat veranstaltet wird.

◼ KERAMIK & GLAS ◼◼◼◼◼

In der Gmundner Keramikmanufaktur gibt es fabrikneue Zweite-Wahl-Ware zu kaufen. Im Burgenland hat die Töpferei eine lange Tradition. Neben kostbaren Einzelstücken in zeitlosem Design ist natürlich auch Keramik für den Tagesgebrauch im Angebot. In Villach wird jedes Jahr im Juni ein Keramikmarkt abgehalten und in Hall im September ein Töpfermarkt. In den Shops der weit über die Grenzen hinaus bekannten Tiroler Glasmanufakturen Swarovski in Wattens und Riedel in Kufstein kann man vor Ort oft günstiger einkaufen als in den Stadtgeschäften dieser Firmen. Weitere Details zur Handwerkskultur in Österreich sind auf *www.meisterstrasse.eu* nachzulesen.

> EINKAUFEN

■ KULINARISCHES ■

Österreich hat sich in puncto Lebensmittel zum Feinkostladen Europas entwickelt und mit dem EU-Beitritt 1995 einzelne Produkte wie z.B. die Wachauer Marille, das steirische Kürbiskernöl, den Waldviertler Graumohn oder den Mostviertler Birnmost als Marken schützen lassen. Unter *www.genuss-region.at* finden sich viele Adressen und Produktbeschreibungen. Zu kaufen gibt es die einzelnen Produkte auf den zahlreichen Bauernmärkten, die meist samstags abgehalten werden, oder auf den Märkten in Wien, Graz, Salzburg und anderen Landeshauptstädten. Österreich ohne den Genuss von Mozartkugeln, Sachertorten oder Manner-Schnitten zu verlassen ist eine Fahrlässigkeit gegenüber dem eigenen Wohlbefinden, vorausgesetzt, man mag Süßes. Die echten Mozartkugeln sind in silbernem Stanniol mit blauem Aufdruck verpackt und in den Salzburger Konditoreien *Fürst* und *Schatz* erhältlich. Die Original-Sachertorte gibt es in Wien, Salzburg, Graz und Innsbruck,

und der rosafarbene *Manner*-Shop am Stephansplatz in Wien ist auch nicht zu übersehen.

■ TRACHT ■

Tracht ist in, wenn sie mit modernen Elementen versetzt ist. Gute Adressen sind das *Heimatwerk* in den Landeshauptstädten sowie Spezialgeschäfte wie *Gexi Tostmann* in Seewalchen, *Gössl* mit dem *Gwandhaus* und *Lanz* in Salzburg oder *Mühlmann (www.countryside.at)* in Außervillgraten. Die junge Grazer Designerin Lena Hoschek macht feminine Mode im 50er-Jahre-Look und besticht dabei immer wieder durch trendige Anleihen an Tracht. Sie sorgt damit international für Furore und hat auch eine eigene Dirndlkollektion; ein Dirndl ist für sie „das Schönste". Shops in Graz und Wien *(www.lenahoschek.com)*. In Bad Aussee fertigt die Stoffdruckerei *Sekyra* Handdrucke mit alten Modeln an. *Leitner* in Ulrichsberg und *Vieböck* in Helfenberg sind zwei kleine, feine Leinenwebereien im Mühlviertel.

> DER OSTEN IST ZURÜCKGEKEHRT

Nach Wien sind nun auch Niederösterreich und das Burgenland mit der EU-Erweiterung wieder in die Mitte gerückt

> **Wien hat eine erstaunliche Karriere hinter sich und, wie es den Anschein hat, auch noch vor sich. Die österreichische Hauptstadt ist eines der beliebtesten Ziele für Städtereisen weltweit – mit großer Geschichte und der entsprechenden Architektur.**

Doch schon an der Gehgeschwindigkeit der Passanten lässt sich bemessen, dass Wien trotz allem keine hektische Großstadt ist. Und kulturell wie kulinarisch bleiben in der Metropole des einstigen Vielvölkerstaats sowieso keine Wünsche unerfüllt.

Das Burgenland, Österreichs jüngstes Bundesland, kam erst 1921 nach einem Volksentscheid bis auf Ödenburg, heute Sopron, zu Österreich. Namensgeber sind übrigens nicht die vielen Burgen, sondern die ehemaligen Komitate Ödenburg, Wieselburg, Pressburg und Eisenburg. Landschaftlich hat das Burgenland mit dem übrigen Österreich

Bild: Schiffsanleger am Neusiedler See

BURGENLAND/ NIEDERÖSTER REICH/WIEN

wenig gemein. Die höchste Erhebung, der Geschriebenstein, ist nur 884 m hoch. Dafür lockt der *Nationalpark Neusiedler See/Seewinkel* mit faszinierender Tier- und Pflanzenwelt *(s. auch „Ausflüge & Touren")*.

Niederösterreich versteht sich zu Recht als das Kernland Österreichs und hatte bis zur Kür von St. Pölten 1986 keine eigene Landeshauptstadt, sondern wurde von Wien aus verwaltet. Wald- und Weinviertel, nörd-

lich der Donau gelegen, konnten sich durch die 414 km lange Grenze zu Tschechien und zur Slowakei vieles von ihrer Ursprünglichkeit erhalten und wollen entdeckt werden, während das Mostviertel im Südwesten eine gewisse Heiterkeit ausstrahlt, was nicht nur am exzellenten Birnenmost liegt. In Richtung Süden wird Niederösterreich alpin. Die Berge hier sind ein gutes Terrain für Einsteiger in den Wandersport.

Lobby des Hotelrestaurants Hanner in der Nähe von Schloss Mayerling

BADEN

[121 D5] **Nach Baden (24 500 Ew.) fuhr man einst zur Kur, und als man in den Ruhestand ging, zog man ganz dorthin.** Die hübsche Kurstadt an den Ausläufern des Anninger hat sich viel vom Flair des ausgehenden 19. Jhs. erhalten: von Weinbergen umgeben und architektonisch vom Biedermeier geprägt.

◼ SEHENSWERTES ◼

ARNULF-RAINER-MUSEUM

Im ehemaligen Frauenbad ist seit 2009 das Arnulf-Rainer-Museum beheimatet. Der international anerkannte, zeitgenössische Künster ist ein Baden geboren. *Tgl. 10–18 (Mi bis 20) Uhr | Eintritt 6 Euro | Josefsplatz 5 | www.arnulf-rainer.museum.at*

BEETHOVENHAUS

Ludwig van Beethoven verbrachte seinerzeit viele Monate in Baden, komponierte hier die „Missa solemnis" und vollendete die 9. Sinfonie. Schriftstücke, Möbel und Kopien von Partituren. *Di–So 16–18, Sa/So auch 10–12 Uhr | Eintritt 3 Euro | Rathausgasse 10*

DOBLHOFFPARK

Im öffentlichen Doblhoffpark ist Österreichs größter Rosengarten zu finden, der von Juni bis Oktober mit einer wahren Blütenpracht aufwartet. Auf über 30000 Rosenstöcken gedeihen hier im Rosarium in 175 Beeten gut 600 Rosensorten. *Helenenstr. 2*

◼ ESSEN & TRINKEN ◼

CAFÉ-RESTAURANT DOBLHOFFPARK

Klassische Wiener Küche in hübscher Umgebung und zu sehr moderaten Preisen. *Tgl. | Pelzgasse 1 | Tel. 02252/20 64 21 | €–€€*

◼ ÜBERNACHTEN ◼

SCHLOSSHOTEL OTH 🔊

Charmantes Hotel in der Nähe aller Attraktionen, zum Sandstrand-Thermalbad sind es gar nur 50 m, und der Eintritt ist für Hotelgäste frei. *42 Zi. | Schlossgasse 23 | Tel. 02252/444 36 | www.oth.info | €€*

◼ FREIZEIT & SPORT ◼

Das *Grand Casino Baden* rühmt sich, das schönste Casino Europas zu sein *(Tgl. 15–3 Uhr | Im Kurpark | www. casinos.at).* An heißen Tagen unbedingt das *Strandbad* (Art-déco-Prachtbau!) besuchen, sonst die *Römertherme (www.roemertherme.at).*

AUSKUNFT

TOURISTINFORMATION

Brusattiplatz 3 | Tel. 02252/2260 0600 | www.baden.at

ZIELE IN DER UMGEBUNG

GUMPOLDSKIRCHEN [121 D5]

In den idyllisch gelegenen und vom Klima bevorzugten Ort fährt man, um das Leben in einer Buschenschank zu genießen: *Winzer Hasenöhrl*, urig-gemütliche Atmosphäre und schöner Garten *(Wiener Str. 24 | Tel. 02252/624 57 | €). 4 km entfernt*

sider
ipp

HEILIGENKREUZ [121 D5]

Das Zisterzienserstift im Wienerwald blickt auf eine fast 900-jährige Geschichte zurück, was sich auch in der Architektur der Anlage widerspiegelt. Besonders eindrucksvoll ist der Kreuzgang. *Tgl. 9–18, So ab 10 Uhr | Eintritt 7 Euro | www.stift-heiligenkreuz.org. 33 km entfernt*

SCHLOSS MAYERLING [121 D5]

Das ehemalige Habsburger-Jagdschloss wurde nach dem Selbstmord von Kronprinz Rudolf und Mary Vetsera in ein Kloster der Karmeliterinnen umgewandelt. An Stelle des einstigen Schlafzimmers steht auf Sisis Wunsch der Hochaltar der neugotischen Kapelle, die nach der Tragödie errichtet wurde *(tgl. 9–12, 13.30–18, im Winter bis 17 Uhr | Eintritt 2 Euro)*. Genießer mit einem Faible für gute Küche in stylish-elegantem Ambiente kommen im Restaurant *Hanner* auf ihre Kosten *(tgl. | Mayerling 1 | Tel. 02258/23 78 | www.hanner.cc | €€€). 14 km entfernt*

SEMMERING [120 C6]

Die große Zeit des Semmerings, als die waldreiche Gegend als ideale Sommerfrische galt, ist längst vorbei, dem Reiz der Landschaft konnte der Zahn der Zeit jedoch nichts anhaben. Allein die Aussicht ist in dem nach ökologischen Gesichtspunkten geführten Hotel *Wagner* eine Nacht wert *(24 Zi. | Hochstr. 267 | Tel. 02664/251 20 | www.panoramahotel-wagner.at | €€)*. Zum Einzugsgebiet des Semmerings zählen neben der

MARCO POLO HIGHLIGHTS

★ **Melk**
Imposantes, über der Donau gelegenes Benediktinerstift am Eingang der Wachau (Seite 36)

★ **Wachau**
Traumhafte Flusslandschaft mit idyllischen Weindörfern (Seite 37)

★ **Nationalpark Neusiedler See/Seewinkel**
Faszinierende Artenvielfalt am Ostufer des Neusiedler Sees (Seite 39)

★ **Hofburg**
Über fünf Jahrhunderte habsburgische Schalt- und Machtzentrale im Herzen Wiens (Seite 45)

★ **Museumsquartier**
Größte Egon-Schiele-Sammlung der Welt und moderne Kunst in hypermodernem Museumskomplex (Seite 47)

★ **Schönbrunn**
Kaiserliche Sommerresidenz mit großem Zoo und bezauberndem Park (Seite 48)

Rax auch der *Schneeberg* und die *Hohe Wand.* Der Sommer-Festspielort *Reichenau* an der 2007 m hohen Rax ist ein idealer Ausgangspunkt für Wanderungen und Klettertouren. Das

Insider Tipp ❋ Hotel *Sonnwendhof* punktet mit Komfortzimmern mit Naturholzmöbeln. Super Frühstück, noch bessere Aussicht *(26 Zi. | Passhöhe 105 | Tel. 02664/200 87 | www.hotel-sonnwendhof.at | €). 68 km entfernt*

KREMS

[120 B3] **Am Ausgang der Wachau, einer der schönsten Donaulandschaften, liegt flussabwärts Krems.** Bei einem Spaziergang durch die 1000 Jahre alte Stadt offenbaren sich die geschlossenen mittelalterlichen Häuserensembles von Krems und Stein. Als eines der schönsten Häuser gilt die Kremser *Gozzoburg,* die im 13. Jh. nach dem Vorbild italienischer Palazzi errichtet wurde. Heute ist hier das *Stadtmuseum* untergebracht *(www.weinstadtmuseum.at).* Im Stadtteil *Stein* befinden sich die Kunstmeile mit Kunsthalle, Karikaturmuseum und Minoritenkirche sowie die Donauuniversität, die der Stadt jugendliches Flair verleiht.

■ SEHENSWERTES
KARIKATURMUSEUM
Das von Gustav Peichl, dem Architekten der Bundeskunsthalle Bonn, entworfene Haus widmet sich Karikaturen und bietet tiefe Einblicke in die österreichische Seelenverfassung. Neben der Dauerausstellung mit Werken von Manfred Deix und Ironimus (Gustav Peichl) gibt es laufend Wechselausstellungen. *Tgl. 10–18 Uhr |*

Eintritt 9 Euro | Steiner Landstr. 3 a | www.karikaturmuseum.at

KUNSTHALLE
In der ehemaligen Tabakfabrik und einem Neubau sind auf 3000 m² Ausstellungsfläche hochkarätige Ausstellungen von Kunst des 20. Jhs. zu sehen. *Tgl. 10–18 Uhr | Eintritt 9 Euro (Kombiticket mit Karikaturmuseum 11 Euro) | Franz-Zeller-Platz 3 | www.kunsthalle.at*

SANDGRUBE 13
In acht Stationen führt die moderne Weinerlebniswelt durch Weingarten, Weinkeller und zur Weinprobe. Nur mit Führung zu besichtigen. *Mo–Sa, Mai–Okt. tgl. 10 und 14 Uhr | 11 Euro | Sandgrube 13 | www.sandgrube13.at*

■ ESSEN & TRINKEN
HOFBAUER
Wirtshaus an der Kremser Kunstmeile, bekannt für seine Rindfleisch-Spezialitäten. *Fr geschl. | Steiner Landstr. 5 | Tel. 02732/822 61 | www.museums-wirtshaus.at | €–€€*

JELL
Lokal mit Charakter und liebenswürdiger Wirtin, die mit Phantasie Bodenständiges kocht. *Sa/So nur mittags, Mo geschl. | Hoher Markt 8–9 | Tel. 02732/823 45 | €€–€€€*

■ EINKAUFEN
In der Wachau und im nahe gelegenen Kremstal werden gute Weine (Grüner Veltliner und Riesling) angebaut. Außerdem wird hier die geschütze Wachauer Marille (Aprikose) angebaut; Mitte Juli findet in Krems ein Marillenfest statt *(www.alles-marille.at).*

■ ÜBERNACHTEN ■

GOURMETHOTEL AM FÖRTHOF

Typisches Wachauer Landhotel mit charmanter Gastgeberin. Zum

■ AUSKUNFT ■

KREMS TOURISMUS

Utzstr. 6 | 3500 Krems | Tel. 02732/ 826 76 | *www.krems.info*

Mittelalterliches Flair: Steiner Tor in Krems

Schwelgen und Entspannen. *19 Zi. | Förthofer Donaulände 8 | Tel. 02732/ 833 45 |* *www.hotel-foerthof.at |* *€€*

GÄSTEHAUS WEINGUT ZÖHRER

Moderne Zimmer mit Naturholzeinrichtung, im Garten Liegewiese und Pool., € *10 Zi. | Sandgrube 1 | Tel. 02732/83 91 |* *www.zoehrer.at |* *€*

■ FREIZEIT & SPORT ■

Die Gegend ist ideal für Radtouren. Neben dem Donau-Radwanderweg gibt es landschaftlich sehr reizvolle Touren ins Kremstal sowie ins Kamptal und ins Waldviertel.

■ ZIELE IN DER UMGEBUNG ■

GÖTTWEIG   [120 B3–4]

Schon von weitem sichtbar thront das Benediktinerkloster auf einem dicht bewaldeten Hügel. 1074 wurde das Stift gegründet und nach einem Brand ab 1718 nach Plänen Lukas von Hildebrandts im barocken Stil neu errichtet. Prunkstücke sind die Kaiserstiege mit Paul Trogers Deckenfresko, die doppeltürmige Stiftskirche mit Altargemälden u. a. vom Kremser Schmidt sowie das Graphische Kabinett, das mit 28 000 Arbeiten die größte private Grafiksammlung Österreichs ist. *5 km entfernt*

LANGENLOIS   [120 B3]

Langenlois ist einer der Hauptorte im Kamptal *(www.kamptal.at)*, einer begnadeten Weinregion. Außerdem sind entlang des Kamp 19 wunderschöne Schaugärten eingerichtet, deren Besuch sich lohnt *(www.kamptalgaerten.at)*. Etwas außerhalb von Langenlois ragt mitten aus den Weinbergen ein hochmoderner Kubus. Dabei handelt es sich um das Besucherzentrum des *Loisium,* einer Wein-Erlebniswelt, die ihrem Namen alle Ehre macht. Die Erlebniswelt setzt sich unter der Erde in den mehr als 900 Jahre alten Gewölben fort, wo die Herstellung von Wein und Sekt ebenso zu erleben ist, wie die Kulturgeschichte des Weins auf sehr sinnliche Art und Weise dargestellt wird. Im *10er-Haus,* einem barocken Bürgerhaus, wird das Alltagsleben vor 100 Jahren vorgeführt *(tgl. 10–19 Uhr |*

Eintritt 11,50 Euro| Loisium Allee 1 | www.loisium.at). Das 🔊 Hotel *Loisium* ist ein Teil der architektonischen Einheit und stellt den Wein auch in den Mittelpunkt des Wellnessprogramms *(82 Zi. | Loisium Allee 2 | Tel. 02734/77 10 00 | www.loisiumhotel.at | €€€). 11 km entfernt*

MELK ⭐   [120 B4]

Der von Jakob Prandtauer geplante und 1736 fertiggestellte Bau über der Donau ersetzte den Klosterbau aus dem 12. Jh. Melk galt seit dem Mittelalter als Zentrum des europäischen Geisteslebens. Der Weg von der Stiftskirche über die Bibliothek in die ehemaligen Kaiserzimmer, in denen heute das Museum untergebracht ist, führt von einer Überraschung zur anderen *(tgl. 9–16.30 Uhr | Eintritt 7,70 Euro | www.stiftmelk.at). 36 km entfernt*

> BLOGS & PODCASTS

Gute Tagebücher und Files im Internet

> *www.blogverzeichnis.at* – Das Portal bietet eine große Auswahl an Blogs – von informativ bis skurril.

> *http://blogs.austria.info* – Übersicht von Blogs und Tweets zum Thema Urlaub in Österreich.

> *www.gipfeltreffen.at* – Lebendiges Forum höchst aktiver Tourengeher und Bergsteiger.

> *www.tyndra.blogspot.com* – Einblicke in die österreichische Seele aus weiblicher Sicht.

> *www.meinekleine.at* – Die „Kleine Zeitung" ist die meistgelesene in der

Steiermark und in Kärnten. Im Blogbereich plaudern Leser und erzählen Redakteure.

> *http://blog.austria.info* – Kulinarischer Reiseblog mit guten Tipps.

> *http://oe1.orf.at* – Beiträge des Radiokultursenders Ö1 als gratis Podcasts.

> *www.atv.at* – Sendungen der privaten österreichischen TV-Station als Videos.

> *www.theyshootmusic.at* – Indie-Musik-Videos an historischen und ungewöhnlichen Plätzen Wiens.

Für den Inhalt der Blogs & Podcasts übernimmt die MARCO POLO Redaktion keine Verantwortung.

ST. PÖLTEN [120 B4]

Österreichs jüngste Landeshauptstadt (51 700 Ew.) ist eine spannende Mischung aus barocker Altstadt, der Jakob Prandtauer den Stempel aufgedrückt hat, und hypermodernem Regierungsviertel mit Festspielhaus, Landesmuseum und Klangturm. Zuerst fährt man mit dem kostenlosen Tourismuszug durch die Innenstadt *(April–Okt. Do–Sa 10–17 Uhr im Stundentakt ab Touristeninformation Rathausplatz)*, dann unternimmt man einen Rundgang durchs Regierungsviertel. Die *Galerie* gilt als erste Restaurantadresse *(So/So geschl. | Fuhrmannsgasse 1 | Tel. 02742/ 35 13 05 | €€). 32 km entfernt*

WACHAU ⭐ [120 B3–4]

Auf rund 30 km zwischen Melk und Krems hat die Donau ein enges Durchbruchstal und damit eines der landschaftlich schönsten Flusstäler Europas geschaffen. 2000 wurde die Wachau in die Welterbeliste der Unesco aufgenommen. Die Wachau ist geprägt von Weinbergen, idyllischen Weinorten, die sich ihren mittelalterlichen Charakter erhalten haben, Marillengärten und mächtigen Burg- und Klosteranlagen. Zu den wichtigsten Sehenswürdigkeiten zählt die ☀ *Burgruine Aggstein,* die am Nordufer 300 m hoch auf einem schmalen Felsen thront *(März–Okt. tgl. 9–18, Juni–Aug. bis 19, Nov. Sa/ So 9–17 Uhr | Eintritt 5,50 Euro | www.ruineaggstein.at). Weißenkirchen* mit seiner Wehrkirche und dem Teisenhoferhof, einem der schönsten Renaissancehöfe der Region, ist einen Stop wert *(www.weissenkirchen.at).* Auch *Spitz* ist ein pittoresker Markt-

flecken, in dem immer am vorletzten Juliwochenende ein farbenprächtiger *Marillenkirtag* abgehalten wird. Die Krönung jeder Wachautour ist *Dürnstein.* Am schönsten ist der Anblick

Die prachtvolle Bibliothek von Kloster Melk

vom Wasser aus, dazu nimmt man die Rollfähre nach Rossatz ans gegenüberliegende Ufer und hat so Zeit, diesen Anblick zu genießen. Etwas oberhalb des kleinen Ortes ist die Ruine der ☀ *Burg Tyernstein* zu sehen (lohnenswerter Aufstieg!), in

Insider Tipp

der im 12. Jh. König Löwenherz gefangen war. Im Ort selbst sind der gotische Karner, der mittelalterliche Pranger und die Stiftskirche zu besichtigen. Übernachtungstipp: Exquisit wohnen Sie im  *Schlosshotel Dürnstein (47 Zi. | Tel. 02711/212 | www.schloss.at | €€€)*. Einkehrtipp: Ein Heuriger in Traumlage ist der **Alte Klosterkeller** *(Mo–Fr ab 15, Sa/So ab 12 Uhr | Anzuggasse 237 | www.alter-klosterkeller.at | €)*. Für Aktive bieten sich der *Welterbesteig (www.welterbesteig.at)* und der *Donauradweg* an. Veranstaltungshighlights sind die Sonnwendfeiern *(www.sonnenwende.at)*. *www.wachau.at; 3 km entfernt*

Insider Tipp

WALDVIERTEL   [120 A2]

Die Braustadt *Zwettl* mit 11 600 Ew. ist das Verwaltungszentrum des Waldviertels und wohl auch sein kulturelles. Den lang gezogenen Stadtplatz säumen Bürgerhäuser aus dem 16. und 17. Jh. mit markanten Fassaden. Die Außenfresken des Alten Rathauses gehen auf das 15. Jh. zurück. Die hoch gelegene Propsteikirche stammt aus dem 12. Jh. Maßgeblich für die kulturelle Entwicklung war jedoch das 3 km nördlich gelegene Zisterzienserstift mit dem ältesten vollständig erhaltenen Kreuzgang (1204–40) in Österreich. In der Nähe von Zwettl liegt das *Barockschloss Rosenau* , in dem das österreichische *Freimaurer-Museum* untergebracht ist *(April–Okt. tgl. 9–17 Uhr, Nov. bis März | nach Voranmeldung: Tel. 02822/205 52 | Eintritt 5 Euro)*.

Insider Tipp

Gmünd ist ein weiterer wichtiger Ort des Waldviertels. Sehenswert sind auch *Drosendorf* und *Weitra*, in denen das Mittelalter noch zu herrschen scheint. In Weitra lockt der gutbürgerliche Gasthof *Waschka* mit böhmischen und Waldviertler Spezialitäten *(tgl. | Rathausplatz 8 | Tel. 02856/22 96 | €). 49 km entfernt*

Essen mit Aussicht: Restaurant Mole West in Neusiedl am See

NEUSIEDL AM SEE

[121 F5] **Die kleine Stadt (6000 Ew.) liegt am Nordufer des Neusiedler Sees und ist der Hauptort des Nordburgenlandes.** Im Gegensatz zum bedächtigen Burgenland hat sich das von Weinbergen umgebene Städtchen zu einer lebendigen Einkaufsstadt entwickelt. Im Mittelpunkt steht aber der Wassersport. Zum ▶▶ Strandbad mit Segel- und Surfschule führt ein 1,5 km langer Damm durch den Schilfgürtel.

SEHENSWERTES

Von der ✿ *Ruine Tabor*, deren Ursprung wahrscheinlich ein mittelalterlicher Spähturm war, hat man einen sehr schönen Blick über den See.

ESSEN & TRINKEN

AM NYIKOSPARK

Hier kommen die besten Seiten des Burgenlandes auf den Tisch, regionale Produkte, solide zubereitet. *Mo/Di geschl. | Untere Hauptstr. 59 | Tel. 02167/402 22 | www.nyikospark.* | €€

MOLE WEST

Hier ist pannonische Lebensfreude stylish verpackt. Interessante Küche, gute Weine, tolle Sonnenuntergänge. *Tgl., April–Nov. 9–24 Uhr, im Winter eingeschränkte Öffnungszeiten | Strandbad Westmole | Tel. 02167/202 05 | www.molewest.at* | €€

EINKAUFEN

Weinliebhaber finden in Vinotheken oder direkt bei den Winzern eine große Auswahl an Rot- und Weißweinen zu moderaten Preisen.

ÜBERNACHTEN

VOLLATH

Eine Pension, wie sie im Buche steht. Alles passt, wenn die Ansprüche nicht zu groß sind. Wein aus eigenem Anbau. *11 Zi. | Eisenstädterstr. 53 | Tel. 02167/82 10 | www.pension-weinbau.at* | €

GERTRUDE LINDER

Große, helle Zimmer und Ferienwohnungen, gepflegter Garten mit Altbaumbestand. *5 Zi. | Kalvarienbergstr. 30 | Tel. 02167/27 78 | www.tiscover.com/gertrude.linder* | €

FREIZEIT & SPORT

Der Neusiedler See ist der ideale Platz für alle Sportarten, die mit Wasser und Wind zu tun haben. Radfahren kann mühsam werden, das Reiten gegen den Wind macht mehr Spaß.

AUSKUNFT

TOURISMUSBÜRO NEUSIEDL AM SEE

Untere Hauptstr. 7 | Tel. 02167/22 29 | www.neusiedlamsee.at

ZIEL IN DER UMGEBUNG

NATIONALPARK NEUSIEDLER SEE/SEEWINKEL ⭐ [121 E–F 5–6]

Der Steppensee markiert den Übergang von den Alpen in die Kleine Pannonische Tiefebene. Verschiedene Landschaftsräume treffen hier aufeinander: Alpine, pannonische, asiatische, mediterrane und nordische Einflüsse sind spürbar – was die hohe Artenvielfalt erklärt. Seit 1993 ist das Gebiet als grenzüberschreitender Nationalpark geschützt, 2001 wurde die ganze Region um den See zum Unesco-Welterbe ernannt. Wander- und Radwege sowie geführte Touren erschließen dem Besucher das Gebiet. Erste Anlaufstelle ist das Besucherzentrum in Illmitz am Ostufer *(April bis Okt. Mo–Fr 8–17, Sa/So 10–17, Nov.–März Mo–Fr 8–16 Uhr | Hauswiese | www.nationalpark-neusiedler see-seewinkel.at). 25 km entfernt*

RUST

[121 E6] Die kleinste Stadt Österreichs (1700 Ew.) hat sich ihren Status als Freistadt seinerzeit mit 30 000 l Wein und 60 000 Gulden erkauft, seither ist auf die Korken des Ruster Weines ein gekröntes „R" gebrannt. Der Weinbautradition entsprechend ist Rust auch Sitz einer Weinbauakademie. Eine besondere Attraktion sind die Storchennester auf den Schornsteinen, die jedes Jahr im Frühsommer von denselben Dauergästen bezogen werden.

◼ SEHENSWERTES ◼

Die anmutigen Bürgerhäuser mit Renaissance- und Barockfassaden sind gut erhalten und wurden zum Unesco-Weltkulturerbe erklärt.

◼ ESSEN & TRINKEN ◼

INAMERA

Kreative pannonische Küche, international ergänzt, mit Augenmerk auf die Zutaten. Der Weinkeller ist burgenländisch dominiert, was kein Nachteil ist. *Mo, Sept.–Juni auch Di geschl. | Oggauer Str. 29 | Tel. 02685/ 64 73 | www.inamera.at | €€*

RÖMERZECHE

Traditionelle pannonische Küche in großen Portionen. Idyllischer Gastgarten. *Tgl., Dez.–Feb. geschl. | Rathausplatz 11 | Tel. 02685/332 | €*

◼ ÜBERNACHTEN ◼

MOOSLECHNERS BÜRGERHAUS

Insider Tip

Hier ist die Devise „klein *und* fein", und man fühlt sich in den geschmackvoll eingerichteten Räumen sehr gut aufgehoben. *11 Suiten | Hauptstr. 1 | Tel. 02685/61 62 | www.mooslech ners.at | €€€*

SEEBAD RUST

Ideales Haus für den sportlichen Familienurlaub. Direkt am See gelegen, kostenlose Strandbadbenutzung. *14 Zi. | Ruster Bucht 2 | Tel. 02685/591 | www.seebadrust.at | €*

◼ ZIELE IN DER UMGEBUNG ◼

BAD TATZMANNSDORF   [129 D3]

Die wohltuende Wirkung der Tatzmannsdorfer Heilquellen ist seit dem 17. Jh. bekannt. In *Reiters Burgenlandresort* gibt es mit „Kasimir's Kidsworld" eine große Thermalwelt für Kinder, außerdem Golfplatz und Reitstall *(Avance-Hotel | 169 Zi. | Am Golfplatz 1–4 | Tel. 03353/884 16 07 | | www.burgenlandresort.at | €€). 110 km entfernt*

EISENSTADT   [121 E6]

Die am Fuße des Leithagebirges gelegene Stadt darf sich seit 1982 offiziell Landeshauptstadt nennen. Dreh- und Angelpunkt ist *Schloss Esterházy,* das noch heute der gleichnamigen ungarischen Fürstendynastie gehört, der Kaiser Ferdinand II. 1622 die gesamte Stadt zum Geschenk machte. Das Schloss, von einem schönen Park umgeben, wirkt von außen eher wie ein in die Jahre gekommenes Kurhotel. Dafür ist die Innenausstattung umso aufwendiger. Besonders sehenswert ist der nach

Joseph Haydn benannte Saal, in dem dieser mehrere Jahrzehnte lang als Hofkappellmeister wirkte. *Tgl. 9–18, Juli/Aug. bis 19 Uhr, Nov./Dez. nur Do–So| Eintritt 7,50 Euro| www. schloss-esterhazy.at 15 km entfernt*

LOCKENHAUS [129 D2]

Über die Grenzen hinaus bekannt wurde der Ort durch das von dem

MÖRBISCH [121 E6]

6 km südlich von Rust und kurz vor der ungarischen Grenze gelegen, bietet der kleine Ort am Westufer des Neusiedler Sees auf der Seebühne Operettenseligkeiten en suite. Die charakteristischen Laubenhäuser und Hofgassen zählen zum Unesco-Weltkulturerbe. Gut für Wassersport, zum Reiten oder Laufen. Jeden Sommer

Prunkbau mit dem Flair eines Kurhotels: Schloss Esterházy in Eisenstadt

international renommierten Geiger Gidon Kremer gegründete Kammermusikfestival *(www.kammermusik fest.at),* das jedes Jahr im Juli auf der *Burg Lockenhaus (www.ritter burg.at)* stattfindet. Der *Naturpark Lockenhaus* am Fuße des Geschriebensteins, des östlichsten Ausläufers der Alpen, eignet sich bestens zum Wandern, Radfahren, Nordic Walking und im Winter auch zum Langlaufen. *75 km entfernt*

finden hier auf der Seebühne die *Seefestspiele Mörbisch* statt, jedes Jahr steht eine andere, opulent inszenierte Operette auf dem Programm *(www.seefestspiele-moerbisch.at).*

STEGERSBACH [129 D3]

Die Heilquellen haben den Ort im südlichen, landschaftlich sehr reizvollen Lafnitztal bekannt gemacht. Passionierte Golfer müssen sich an der Golfschaukel Lafnitztal mit zwei

18-Loch- und einem 9-Loch-Platz *(www.golfschaukel.at)* wie im siebten Himmel fühlen. Interessante Architektur und besten Service bietet das 📶 *Balance Resort Stegersbach (141 Zi. | Panoramaweg 1 | Tel. 03326/551 55 | www.balance-resort.at | €€€). 128 km entfernt*

WAIDHOFEN AN DER YBBS

[119 F5] **Die Stadt der Türme (11500 Ew.) war über Jahrhunderte Zentrum der Eisenverarbeitung und ist heute der touristische Mittelpunkt des Mostviertels. Auf**

Most direkt vom Erzeuger können Sie auf dem Bauernmarkt in Waidhofen kaufen

ST. MARGARETHEN [121 E6]
Der Steinbruch an der Straße nach Rust stammt bereits aus der Römerzeit, und viele Wiener Prachtbauten – u. a. der Stephansdom – wurden mit dem dort abgebauten Leithakalk errichtet. Die von zeitgenössischen Bildhauern geschaffenen, meist abstrakten Großplastiken bilden eine eindrucksvolle Kulisse für die alle fünf Jahre (das nächste Mal 2011) stattfindenden Passionsspiele. Außerdem finden im Sommer Opernfestspiele statt. *6 km entfernt*

den einstigen Reichtum verweisen imposante Wehrtürme aus dem Mittelalter und mächtige barocke Kirchtürme, die sich auf beiden Seiten der Ybbs erheben und das Stadtbild prägen. Ein Stadtwanderweg führt zu allen wichtigen Gebäuden und markanten Plätzen.

■ SEHENSWERTES ■
ROTHSCHILDSCHLOSS
Die frühere mittelalterliche Burg wurde 1885–87 als Gutsverwaltung von Anselm Freiherr von Rothschild, dem

damals reichsten Mann Europas, umgebaut. Vom ✳ Turm, den ein gläserner Kubus schmückt, hat man einen tollen Fernblick. Im *5-Elemente-Museum* werden die aus der Feng-Shui-Lehre bekannten Elemente Feuer, Erde, Wasser, Holz und Metall, die zur Ausprägung der Kulturlandschaft beigetragen haben, dargestellt. *Di–So 10–18 Uhr | Eintritt 7 Euro*

STADTTURM

Nach dem Sieg über marodierende türkische Soldaten haben die Bürger den Stadtturm 1535–42 auf 50 m aufgestockt. Eine der vier Uhren zeigt immer 11.45 Uhr an, den Zeitpunkt des Sieges über die Türken.

◼ ESSEN & TRINKEN
SCHLOSSWIRT

Im Parterre des Rothschildschlosses gibt es klassische Wiener Küche und Mostviertler Hausmannskost. *Tgl. ab 16, Sa/So ab 10 Uhr | Schlossstr. 1 | Tel. 07442/536 57 | €*

◼ SPORT & FREIZEIT

Im *Buchenberg,* einem ausgedehnten Mischwaldgebiet, können Sie gut wandern und Nordic Walking betreiben. Die 71 km lange Schmalspurstrecke der *Ybbstalbahn* führt von Waidhofen durch das landschaftlich reizvolle Ybbstal nach Lunz am See und weiter nach Kienberg-Gaming; auch Nostalgiefahrten in historischen Zügen *(www.ybbstalbahn.at)*.

◼ ÜBERNACHTEN
SCHLOSS AN DER EISENSTRASSE

Das direkt am Ufer der Ybbs gelegene ehemalige Schloss Zell wurde durch einen modernen Anbau erweitert und dient heute als Hotel. Trendiges, cooles Interieur, aufmerksamer Service. *91 Zi. | Am Schlossplatz 1 | Tel. 07442/505 | www.schlosseisen strasse.at | €€€*

◼ AUSKUNFT
TOURISMUSBÜRO

Schlossweg 2 | Tel. 07442/51 12 55 | www.waidhofen.at

>LOW BUDGET

> Beim Wiener *Donauinselfest* zahlen Sie keinen Eintritt. Das größte Open-Air-Spektakel Europas findet jährlich an einem Juniwochenende auf der Donauinsel statt. Auf Bühnen gibt's Livemusik für jeden Geschmack; auch kulinarisch müssen Sie nicht darben. Höhepunkt ist das abschließende Feuerwerk am Sonntag.

> Die Kellergassen im niederösterreichischen Weinviertel sind einzigartig: Hinter den Häuschen verbergen sich die Weinpressen, dahinter sind Keller gegraben, die tief ins Erdreich führen. Im Sommer rufen die Winzer zu Kellergassenfesten und bieten Führungen an: inkl. Weinverkostung und Kellerjause um 7,50 Euro. Termine finden Sie bei *Weinviertel Tourismus* (Tel. 02552/35 15 | *www.weinvier-tel.at* unter „Wein & Kulinarik").

> Unter dem Namen *Pannonisch Wohnen* sind im Burgenland die schönsten Angebote zum stilvollen Wohnen zusammengefasst. Einige der Quartiere, etwa im Kellerstöckl Schrammel oder am Winzerhof Kazda, sind nicht nur traumhaft schön, sondern auch günstig: *www.burgenland.info*, „Pannonisch Wohnen" anklicken.

■ ZIELE IN DER UMGEBUNG ■

ARDAGGER [119 F4]

Im Zentrum des Moststraßendorfs mit 3400 Ew. steht das unter Josef II. aufgelöste Stift. Das Margarethenfenster in der Stiftskirche zählt zu den ältesten romanischen Glasmalereiarbeiten in Europa. In dem 2007 eröffnete Mostbirnhaus ist eine „Most-Erlebniswelt" untergebracht *(März–Nov. Di–So 10–18 Uhr | Eintritt 5,50 Euro | www.mostbirnhaus. at). 30 km entfernt*

LUNZ AM SEE [120 A5–6]

Der 1600 m lange und 500 m breite Lunzer See eignet sich mit passablen Wassertemperaturen sogar zum Baden. Eine preisgekrönte Konstruktion verwandelt die Sonnenterrasse des Seebades abends in eine Bühne. Jedes Jahr im Juli finden hier die **Insider Tipp** *Wellenklänge* statt, ein Cross-Over-Musikfestival mit internationalen Stars *(www.wellenklaenge.at).* Das *Amonhaus* im Ort gilt als schönstes Renaissancehaus Österreichs. *41 km entfernt*

YBBSITZ [119 F5]

Das *Erlebnismuseum Ferrum* informiert über die Geschichte der Eisenerzeugung und stellt Produkte aus mehreren Jahrhunderten aus *(Mai bis Okt. Di–So 9–17, Mo ab 13, Nov.–Dez., April Di, Do, Fr 9–17, Mo, Mi 13–17, Sa 9–16, So 10–16, Jan.–März Mo–Fr 13–17, Sa 9–13 Uhr | Eintritt 6,60 Euro).* Auf der 3 km langen **Insider Tipp** Schmiedemeile können Hammerschmieden besichtigt werden. Das *Ferraculum* ist ein dreitägiges Schmiedefest, das alle zwei Jahre (2012) im Juni stattfindet *(www. ferrum-ybbsitz.at). 11 km entfernt*

WIEN

KARTE IN DER HINTEREN UMSCHLAGKLAPPE

[121 D–E4] „Wir haben zwar keinen Kaiser mehr, dafür aber dessen Kronjuwelen." Dieser Slogan steht für die Haltung Wiens im Umgang mit seiner großen historischen Rolle. Das heutige Wien zeichnet sich durch eine lebendige Musik-, Musical- und Theaterszene aus, die neben einer vielschichtigen Gastronomie mit unzähligen Restaurants, Cafés und Kneipen, hier Beisl genannt, das unverwechselbare Gesicht der Stadt prägt. In den vergangenen Jahren wurden viele Palais in der Inneren Stadt renoviert, und alles Graue, das Wien lange anhaftete, ist verschwunden. Die öffentlichen Verkehrsmittel *(www.wienerlinien.at)* sind vorbildlich vernetzt und machen das Auto entbehrlich. Die Innere Stadt lässt sich ohnedies nur zu Fuß entdecken. Detaillierte Informationen finden Sie im MARCO POLO Band „Wien".

■ SEHENSWERTES

ALBERTINA [U C 4–5]

Seit dem Ausbau zählt die Albertina zu den Publikumsmagneten unter den Museen. Die auf Herzog Albert von Sachsen-Teschen zurückgehende Sammlung umfasst ca. 50 000 Zeichnungen und 1 Mio. Druckgrafiken von der Spätgotik bis zur Gegenwart. Dürers „Betende Hände" und der „Hase" gehören zur Sammlung, werden aber nicht ständig gezeigt. Die ehemalige Habsburger-Wohnung mit einer über 120 m langen Zimmerflucht und Sicht auf den Burggarten zeigt für Wien seltene klassizistische Prunkräume. *Tgl. 10–18, Mi bis 21*

Uhr | Eintritt 9,50 Euro | Albertinaplatz 3 | U1, 2, 4: Karlsplatz, Straßenbahnen 1, 2, D: Oper

BELVEDERE [0]

Im *Oberen Belvedere,* wo einst Prinz Eugen, der Befreier Wiens von den Türken, wohnte und 1955 Österreichs Souveränität besiegelt wurde, hängen neben der umfassenden Gustav-Klimt-Sammlung österreichische Meisterwerke des 19./20. Jhs. von Waldmüller, Schwind, Schiele, Kokoschka u. a. Im *Prunkstall* ist mittelalterliche Kunst ausgestellt und im *Unteren Belvedere* sind die Wohn- und Prunkräume des Prinzen Eugen zu sehen. *Oberes Belvedere: tgl. 10 bis 18 Uhr | Unteres Belvedere/ Prunkstall: tgl. 10–18, Mi bis 21 Uhr | Prinz-Eugen-Str. 27 Rennweg 6 | Kombiticket 13,50 Euro | Straßenbahn D: Schloss Belvedere, 71: Unteres Belvedere*

HAUS DES MEERES [0] Insider Tipp

In einem ehemaligen Flakturm ist das Haus des Meeres untergebracht. 10000 Tiere sind zu bestaunen: Haie, Seeschildkröten und Piranhas, Krokodile, Echsen und Schlangen sowie, als Highlights, frei fliegende Vögel und frei laufende Affen im Tropenhaus. *Tgl. 9–18, Do bis 21 Uhr | Eintritt 12,50 Euro | Fritz-Grünbaum-Platz 1 | www.haus-des-meeres.at | U3: Neubaugasse*

HOFBURG ★ [U B–C4-5]

Kein anderes Gebäude versinnbildlicht die Machtfülle der Habsburger deutlicher als die Hofburg. Die Hofburg ist ein über Jahrhunderte gewachsener Gebäudekomplex mit

Aus dem Wiener Häusermeer ragt der Stephansdom hervor

Burgcharakter im Zentrum Wiens, der heute neben dem Amtssitz des Bundespräsidenten und Kongressräumlichkeiten eine Fülle von Prunkräumen und Museen umfasst. Die Nationalbibliothek mit dem faszinierend prunkvollen Lesesaal gehört ebenso dazu wie die Hofreitschule, die Hofkapelle, in der die Wiener Sängerknaben sonntags während des Hochamts auftreten, die Silberkammer und die Schatzkammer, in der neben der Kaiserkrone des Heiligen Römischen Reiches auch der Schatz des Ordens vom Goldenen Vlies gezeigt wird. Jeder Habsburger hat während der Regentschaft andere Räume als der Vorgänger benutzt. Die ehemaligen Sisi-Gemächer im Amalientrakt sind der Renner, allen voran das Turn- und Toilettezimmer der exzentrischen Kaiserin. *Straßenbahnen 1, 2, D: Burgring, Autobus 2A: Heldenplatz*

KARLSKIRCHE [U D6]

Die bedeutendste Barockkirche Wiens mit der 72 m hohen Kuppel wurde von Johann Bernhard Fischer von Erlach erbaut und von dessen Sohn Joseph Emanuel vollendet. Im spannenden Kontrast zur Fassade steht der Brunnen mit einer Plastik Henry Moores. *U1, 2, 4: Karlsplatz*

KUNSTHAUS [O]

„Alles Hundertwasser" heißt das Motto des „Mehrzweckhauses", in dem die weltweit einzige Dauerausstellung des phantastischen Realisten Friedensreich Hundertwasser untergebracht ist. *Tgl. 10–19 Uhr | Eintritt 9 Euro | Untere Weißgerberstr. 13 | Straßenbahn 1: Radetzkyplatz*

KUNSTHISTORISCHES MUSEUM [U B5]

In dem 1891 eröffneten Bau von Gottfried Semper sind neben der

> BÜCHER & FILME
Immer gerne Kriminalgeschichten

> **Das war Österreich** – In kritischen Essays setzt sich Robert Menasse mit der jüngsten österreichischen Geschichte auseinander.

> **Die Klavierspielerin** – Elfriede Jelinek, die 2004 den Literaturnobelpreis gewann, steht mit ihrem Roman stellvertretend für die Sprachkunst der österreichischen Gegenwartsliteratur.

> **Die Villen der Frau Hürsch** – Alfred Komareks erster Roman aus dem Salzkammergut erzählt spannend, facettenreich und mit viel Lokalkolorit von einem Ex-Chefredakteur auf der Suche nach dem Ferienparadies seiner Kindheit.

> **Der Fall des Lemming** – Leopold Wallisch, Spitzname Lemming, ist eine Art Wiener Mike Hammer. Stefan Slupetzky hat mit seinem Erstlingswerk eine witzige, skurrile, abgründige Wiener Mischung vorgelegt.

> **Universum: Wachau** – Atemberaubende Flugaufnahmen und einzigartige Kameratechniken zeigen das Land entlang der Donau aus ganz neuen Perspektiven.

> **Drei Herren** – Kultfilm über drei liebenswerte Herren auf dem Weg in die Sommerfrische im Waldviertel. Alle drei sind Patienten einer geschlossenen Anstalt. Köstlich!

berühmten Gemäldegalerie auch die Antiken- und die Ägyptisch-Orientalische Sammlung untergebracht. Der Grundstock wurde von Erzherzog

| 10 Euro | *www.leopoldmuseum.org*) zeigt ein Panorama der österreichischen Kunst seit dem ausgehenden 19. Jh. mit der größten Egon-Schiele-

Sisi-Gemächer in der Hofburg – ein Muss für alle Fans der Kaiserin

Leopold Wilhelm Mitte des 17. Jhs. mit venezianischen und flämischen Meistern gelegt. *Di–So 10–18, Do bis 21 Uhr | Eintritt 12 Euro | Maria-Theresien-Platz | www.khm.at | U2: Museumsquartier*

MUSEUMSQUARTIER ⭐ ▶▶ 📶 [U A–B5]
Der kurz MQ genannte Museumskomplex zählt zu den zehn größten Kulturarealen weltweit. Zahlreiche autonome Kulturinitiativen sind hier untergebracht, stehen jedoch im Schatten der beiden Museen von Weltbedeutung: Das *Museum Leopold (Mi–Mo 10–18, Do bis 22 Uhr*

Sammlung der Welt und Spitzenwerken von Gustav Klimt. Im *Museum Moderner Kunst Stiftung Ludwig – MuMok (tgl. 10–18, Do bis 21 Uhr | 9 Euro | www.mumok.at)* werden in wechselnden Sonderschauen Teile der umfangreichen Sammlung internationaler Kunst des 20. Jhs. ausgestellt. Die Cafés und Sofas im Innenhof des Museums haben Kultstatus. *www.mqw.at | U2: Museumsquartier, Volkstheater*

NASCHMARKT ▶▶　　　[U B–C6]
Der Wiener Naschmarkt hat als Markt eine lange Geschichte. Heute wird nur

noch wenig Obst und Gemüse verkauft, in die alten Stände sind schicke Lokale und Delis eingezogen. Der Naschmarkt ist das Fressmeile Wiens. Samstags gibt es noch einen bunten Flohmarkt. *Mo–Sa 8–24, Flohmarkt Sa 6.30–18 Uhr | U4: Kettenbrückengasse, Karlsplatz*

NATURHISTORISCHES MUSEUM [U B4]

Die Fülle der Exponate in den geologisch-paläontologischen, botanischen, zoologischen und anthropologischen Sammlungen ist überwältigend. Neben der 22000 Jahre alten Steinplastik der „Venus von Willendorf" zählt das Haifischbecken (mit lebenden Tieren!) zu den großen Attraktionen. *Mi–Mo 9–18.30, Mi bis 21 Uhr | Eintritt 10 Euro | Maria-Theresien-Platz | U2: Museumsquartier, U3: Volkstheater*

PRATER ▶▶ [0]

Gigantischer Vergnügungspark mit dem berühmten ☀ Riesenrad (61 m Durchmesser), hypermodernen Hochschaubahnen und Flugsimulatoren. Rundherum großes Naherholungsgebiet der Wiener. *U1: Praterstern*

SCHÖNBRUNN ★ [0]

Das langgestreckte, sonnengelbe Barockschloss zählt zu den schönsten Europas. In der kaiserlichen Sommerresidenz sind prunkvolle 40 von 1441 Räumen zu besichtigen. Weitere Attraktionen sind der barocke Garten mit der ☀ *Gloriette* als Aussichtspunkt, das Palmenhaus und der älteste Zoo der Welt. Veranschlagen Sie einen ganzen Tag für den Besuch. *Schloss tgl. April–Juni 8.30–16.30, Sept./Okt. bis 17, Juli/Aug. bis 18 Uhr*

(12,90 Euro), Tiergarten tgl. ab 9, im Winter bis 16.30, im Sommer bis 18.30 Uhr (14 Euro), Tickets online buchbar | *www.schoenbrunn.at* | *www.zoovienna.at* | U4: Schönbrunn (Schloss) bzw. Hietzing (Zoo)

SIGMUND-FREUD-MUSEUM [0] *Inside Tipp*

1891 eröffnete der Begründer der Psychoanalyse in der Berggasse seine Praxis, wo er Analysen durchführte und Arbeiten wie die „Traumdeutung" verfasste. Autographen, Dokumente, Fotos und Objekte aus Freuds persönlichem Besitz sind hier zusammengetragen. Das Wartezimmer ist original ausgestattet. *Berggasse 19 | Tgl. 9–17, Juli–Sept. bis 18 Uhr | 7 Euro | www.freud-museum.at | U2: Schottentor*

STEPHANSDOM [U D3]

Mit dem Bau der zweiten romanischen Kirche zu Beginn des 13. Jhs. erhielt der später gotisierte Stephansdom seine heutige Grundform. Das Haupttor und die beiden Heidentürme samt Westempore stammen aus dieser Zeit. Der 1433 vollendete Südturm war mit 136,70 m für einige Jahre der höchste Kirchturm Europas, Österreichs höchster Kirchturm ist er bis heute. Ein Lift führt zur ☀ Aussichtsplattform mit großartiger Sicht über die Stadt. Die „Pummerin" gilt als das tönende Wahrzeichen von Wien; sie ist nur an höchsten Feiertagen und zu besonderen Anlässen zu hören. *U1 und 3: Stephansplatz*

■ ESSEN & TRINKEN ■

CAFÉ PRÜCKEL [U F4]

In einem wunderschönen Ringstraßenpalast überrascht das *Prückel* mit originalem Design aus den 1950er-Jahren. Bekannt für seine frischen Strudel und Mehlspeisen, netter Gastgarten. *Tgl. 8.30–22 Uhr | Stubenring 24 (Luegerplatz) | www.prueckel.at | €*

FIGLMÜLLER [U E3]

Die beste Adresse für Wiener Schnitzel (phänomenal!) im 1. Bezirk und auch für sonst alles, was die Wiener Küche bietet. *Tgl. | Bäckerstr. 6 | Tel. 01/512 17 60 | www.figlmueller.at | €€*

NENI ▶▶ [U C6]

Szenetreff am Naschmarkt. Hier wird, ausgehend von der hebräischen, eine weltumspannende Ethnoküche geboten: von der roten Linsensuppe aus der Karibik bis zum New Yorker Cheesecake wird nach Rezepten gekocht, die die Inhaberin selbst vor Ort gesammelt hat. *Mo–Sa 8–24 Uhr | Am Naschmarkt 510 | Tel. 01/585 20 20 | www.neni.at | €–€€*

STEIRERECK [U E5]

Seit Jahren kocht man im *Steirereck* verlässlich auf höchstem Niveau. Mit der Location im Stadtpark hat Chef Heinz Reiterbauer die ideale Kulisse für seine zeitgemäße, österreichische Cuisine. *Mo–Fr 11.30 bis 14.30 und ab 18.30 Uhr | Am Heumarkt 2a (im Stadtpark) | Burggarten | Tel. 01/713 31 68 | www.steirereck.at | €€€*

■ ÜBERNACHTEN ■

ALMA BOUTIQUEHOTEL [U E3]

Erdige Farben – Gold, Braun, Orange – dominieren die schicke Einrichtung des kleinen Hotels in einem alten Jugendstilhaus. Die Zimmer sind nicht allzu groß, dafür liegt das Haus gut im Zentrum. *26 Zi. | Hafnersteig 7 | Tel. 01/5332961-0 | www.hotel-alma.com | €€*

HOLLMANN BELETAGE ॥ [U E3]

Hübsches Boutiquehotel in Wiener Altstadthaus, das von dem Schauspieler Robert Hollmann mit persön-

Schnitzel satt bei Figlmüller

licher Note geführt wird. *25 Zi. | Köllnerhofgasse 6 | Tel. 01/961 19 60 | www.hollmann-beletage.at | €€€*

WOMBAT THE NASCHMARKT ॥ [U C6]

Budget-Hostel mit Designanspruch, im Frühjahr 2011 neu eröffnet. Top trendy, blitzsauber, zentrale Lage, super günstig. Gratis WLAN in der Lobby und im Frühstücksbereich. *121 Zi. | Rechte Wienzeile 35 | Tel. 01/897 23 36 | www.wombats.eu/vienna | €*

■ EINKAUFEN ■

Die besten und teuersten Adressen befinden sich am Kohlmarkt und am Graben sowie auf der Kärntner Straße (Kaufhaus *Steffl*). Auf der Inneren Mariahilfer Straße zwischen U2-Sta-

gang 10), der *Planter's Club (Zelinkagasse 4)*, die *Onyx Bar (Stephansplatz 12, Haas-Haus)* und das *Drings (Kärntner Ring 8, Hotel The Ring)*. Die studentische Szene trifft sich im ▶▶ Museumsquartier und am ▶▶

Abends mutiert das Museumsquartier zum Szenetreff

tion und Westbahnhof gibt es alles etwas günstiger. Neben den Kaufhäusern *Gerngroß* und *La Stafa* viele Flagshipstores internationaler Modeketten. Zwischen Mariahilfer Straße und Spittelberg, wo Kunsthandwerk verkauft wird, hat sich die Fashion-Avantgarde angesiedelt. Auf **Insider Tipp** geführten Shoppingtouren hilft Stylistin *Sophie Palme,* das Richtige zu finden *(www.7tm.at)*. Antiquitäten gibt es in den engen Gassen im 1. Bezirk.

■ AM ABEND ■

Zu den schicksten Bars zählen die *Loos American Bar (Kärntner Durch-*

Spittelberg, die Trendsetter treffen sich am Donaukanal in der ▶▶ *Strandbar Herrmann* oder auf der ▶▶ *Summer Stage* und die Nachtschwärmer in der ▶▶ *Sunken City* auf der Donauinsel. In den ▶▶ Stadtbahnbögen der **Insider Tipp** U6 hat sich eine lebendige Kneipenszene mit Livemusik entwickelt. Für den Heurigenbesuch empfehlen sich die Außenbezirke Grinzing und Nussdorf. Theater- und Musik gibt's im Burg-, im Volkstheater, im Theater an der Josefstadt und vielen kleinen Bühnen sowie in der Staats- und Volksoper, im Musikverein, im Konzerthaus oder im Theater an der Wien.

> *www.marcopolo.de/oesterreich*

◼ AUSKUNFT ◼

WIEN TOURISMUS

*Obere Augartenstr. 40 | 1010 Wien |
Touristeninfo am Albertinaplatz (hinter der Staatsoper) sowie am Flughafen | Tel. 01/245 55 | www.wien.info*

◼ ZIELE IN DER UMGEBUNG ◼

CARNUNTUM   [121 F4]

Das römische Legionslager Carnuntum bei Petronell wurde 6 n. Chr. gegründet. Zu besichtigen sind die Reste zweier Amphitheater, die *Große Therme,* das *Heidentor,* das *Museum Carnuntium* und, als Zentrum des Parks, das *Freilichtmuseum Petronell,* das die ehemalige Zivilstadt umfasst. Verschiedene Gebäude wie etwa die Stadtvilla *Villa Urbana* wurden originalgetreu rekonstruiert. *Freianlagen Ende März–Okt., Museum Jan.–Okt. tgl. 10 bis 17 Uhr | Eintritt 9 Euro | www.carnuntum. co.at | 40 km entfernt*

KLOSTERNEUBURG   [121 D4]

Im mittelalterlichen Klosterbereich des 900 Jahre alten Stiftes steht der Verduner Altar, ein Meisterstück romanischer Goldschmiedekunst. Weiters sehenswert sind die Klostergärten und der labyrinthartige Weinkeller des Stifts, das zu den ältesten und größten Weingütern Österreichs zählt. Das Kloster liegt leicht erhöht, in den flachen Donauauen ist das *Museum Essl (www.essl.museum)* zu finden, das in wechselnden Ausstellungen Gegenwartskunst aus der privaten Sammlung von Agnes und Karlheinz Essl bringt. *www.stift-klosterneuburg. at. 14 km entfernt*

SCHLOSSHOF   [121 F4] *Insider Tipp*

Das einstige kaiserliche Festschloss, 1726 von Prinz Eugen gekauft und von Lukas von Hildebrandt ausgebaut, erstrahlt in barockem Glanz. Mittlerweile ist der auf mehreren Terrassen angelegte Park fast vollständig restauriert ebenso wie der Meierhof mit Stallungen für seltene Haustiere. Im Umkreis von 15 km liegen die Marchfeld-Schlösser Niederweiden, Orth und Eckartsau. *www.schlosshof.at. 65 km entfernt*

❯ KABARETT

Die Österreicher beweisen in allen Lebenslagen Humor

„Humor ist, wenn man trotzdem lacht" – im Kabarett wird dieser Spruch zur Kunstform erhoben, die in Österreich ihre Meister findet. Egal, ob Politik, Zwischenmenschliches oder Sport aufs Korn genommen wird – die Kabarettisten legen mit charmantem, geschliffenem Wortwitz die Abgründe der Gesellschaft bloß. Die Hochburg der professionellen Schmähführer ist Wien, wo das Kabarett (sprich: Kabaré) eine lange Tradition hat. Das älteste bespielte Haus und gleichzeitig das bekannteste ist das *Simpl (www.simpl.at).* Hier stehen abwechselnd mehrere Künstler auf der Bühne. Soloprogramme bekannter (und auch neu zu entdeckender) Künstler sind auf anderen Kleinkunstbühnen zu erleben, etwa im *Das Niedermair (www. niedermair.at),* im *Orpheum (www. orpheum.at)* oder in der *Kulisse (www.kulisse.at).*

> SÜDLICH DES ALPENHAUPTKAMMS

Der Südosten des Landes bietet mit erholsamem Grün und milden Seen Balsam für die Seele

> **Der Süden Österreichs beginnt auf dem Semmering und endet an der Grenze zu Italien und Slowenien. Steiermark und Kärnten werden, je weiter südlich es geht, umso mehr von der Sonne verwöhnt.**

In der Südsteiermark kommt das vor allem dem Wein zugute, in Kärnten, das mit 9534 km² und 560 000 Einwohnern zu den kleineren Bundesländern zählt, eher den Wasserratten, da die knapp 200 Seen Temperaturen bis 25 Grad und mehr erreichen. Am Wörther See wie am Millstätter und Faaker See spielt sich der Sommer am Strand ab. Kärnten hat nicht nur die wärmsten Seen, sondern auch den höchsten Berg. Was früher als Kontrast erlebt wurde, wird heute als Bereicherung verstanden, denn Berg- und Wassersport lassen sich gut miteinander verbinden. An einem Tag kann man durch die ruhigen Täler hinauf auf die Berge wandern und am nächsten das klare Wasser der Seen

Bild: Südsteirische Weinstraße, Klapotez im Weinberg

STEIERMARK/ KÄRNTEN

genießen. Ausführlich informiert der MARCO POLO Band „Kärnten".

Wenn es um Kontraste geht, kann auch die Steiermark, das nach Niederösterreich mit 16 340 km² und 1,2 Mio. Einwohnern zweitgrößte Bundesland, gut mithalten. Im Norden von Bergen begrenzt, öffnet sich das waldreiche Land mit dem Grazer Becken gen Süden zu einer hügeligen, an die Toskana erinnernden Landschaft mit den süd- und west-

steirischen Weinanbaugebieten. Neben den Skigebieten, den Thermenorten und der Landeshauptstadt Graz gibt es in der Steiermark noch viel zu entdecken. Ausführlich informiert der MARCO POLO Band „Steiermark".

BAD AUSSEE

[126 B1] Der am Ende des 19. Jhs. mit dem Prädikat Bad geadelte Kurort versteht sich als Hauptort des „inneren"

BAD AUSSEE

Salzkammerguts, wo man auch heute noch sehr traditionsgebunden lebt und gerne Tracht trägt. Früher war es Salz, das „weiße Gold", das der Region zu Wohlstand und Ansehen verhalf, heute lebt das Ausseerland vom Flair der Sommerfrische. Vom einstigen Wohlstand zeugen prächtige Bauten wie das Sgraffitohaus, die alte Steinmüh-

untergebracht war, ist heute ein Heimatmuseum mit einer beachtlichen Trachtensammlung und einer guten höhlenkundlichen Abteilung. Sehenswert ist auch der mit gotischen Fresken verzierte Kaisersaal. *Juni–Sept. tgl. 10–12, 15–18, Mai und Okt. Di/ Sa 16–18, Fr/So 10–12 Uhr | Eintritt 4 Euro | Chlumeckyplatz 1*

Zum Narzissenfest auf dem Altaussee gibt's einen Korso mit blumengeschmückten Booten

le, das Meranhaus und das Salinenspital, dessen Kirche ein gotischer Flügelaltar von 1499 ziert. Dass die Gegend die geografische Mitte Österreichs darstellt, erfüllt die Bewohner durchaus mit Stolz.

■ SEHENSWERTES ■
AUSSEER KAMMERHOFMUSEUM
Der 600 Jahre alte Kammerhof, in dem früher die Salinenverwaltung

■ ESSEN & TRINKEN ■
BLAA ALM
Inside Tip!

Gasthof im Wald (7 km). Wildgerichte, Almochsenspezialitäten. Serviert wird auf der Sonnenterrasse oder im Stüberl. In der Schützenstube können Sie sich im Armbrustschießen versuchen; Di (ab 19 Uhr) Hüttenabend mit Musik. *Tgl. | Lichtersberg 73 | Altaussee | Tel. 03622/711 02 | www.blaa-alm.co.at | €€*

STEIERMARK/KÄRNTEN

LEBZELTER

Hier werden bodenständige Gerichte und Spezialitäten aus der Naturküche angeboten. Dabei wird viel Wert auf die Verwendung von Bioprodukten gelegt. *Di geschl. | Pötschenstr. 146 | Tel. 03622/524 26 | €€*

■ ÜBERNACHTEN

ERZHERZOG JOHANN 🔊

Behaglich eingerichtete Zimmer mit eigenen Balkonen, denen jeweils ein bestimmtes Blumen- oder Kräutermotto zugeordnet ist. Erstklassiges Spa und hervorragendes Gourmetrestaurant im Haus. *62 Zi. | Kurhusplatz 62 | Tel. 03622/52 50 70 | www.erz herzogjohann.at | €€€*

STAUD'NWIRT

Familienfreundlicher Landgasthof, etwas außerhalb an der Traun gelegen. *14 Zi. | Grundlseestr. 21 | Tel. 03622/545 65 | www.aussee.at/stau dnwirt | €*

■ AUSKUNFT

TOURISMUSVERBAND AUSSEERLAND-SALZKAMMERGUT
Bahnhofstr. 132 | Tel. 03622/54 04 00 | www.ausseerland.at

■ ZIELE IN DER UMGEBUNG ■

ALTAUSSEE [126 B1]

Der am Fuße des Sandlings, des ergiebigsten Salzbergs Österreichs, gelegene See ist glasklar und sehr erfrischend. Rudern auf und Wandern um den See macht auch bei kühlerem Wetter Spaß. Wo seit dem 8. Jh. Salz abgebaut wurde, ist heute ein Schaubergwerk untergebracht. Für die zweistündige Tour durch Stollen, über Rutschen und an der Barbarakapelle vorbei sind feste Schuhe und warme Kleidung nötig *(www.salzwelten.at)*. Empfehlenswert ist das *Hotel am See* u.a. wegen der schönen 🌿 Terrasse mit Seeblick *(15 Zi. | Fischerndorf 2 | Tel. 03622/713 61 | www.hotelamsee.at | €€)*. *4,5 km entfernt*

DACHSTEIN ⭐ [126 A2]

Mit seinen 2995 m ist der Hohe Dachstein der höchste Gipfel des gleichnamigen Massivs. Allein die Auffahrt mit der 🌿 Gletscherbahn entlang der nahezu senkrechten Südwand ist ein atemberaubendes Erlebnis. Sensationell ist der 🌿 Sky-Walk mit Glasboden an der Bergstation, der direkt über die Kante der

MARCO POLO HIGHLIGHTS

⭐ Dachstein
Hochalpine Bergwelt mit sensationellem Panorama, Gletscherbahn und Sky Walk auch für Halbschuhtouristen (Seite 55)

⭐ Stift Admont
Benediktinerabtei aus dem 11. Jh.: imposante Bibliothek, Kloster-Erlebniswelt und moderne Kunst (Seite 56)

⭐ Südsteirische Weinstraße
Toskanaflair verbreitet das Weinbaugebiet an der slowenischen Grenze (Seite 62)

⭐ Hochosterwitz
Die malerische Burg auf einem 175m hohen Dolomitfelsen bei Klagenfurt diente Disney-Filmen als Vorlage (Seite 66)

250 m abfallenden Wand hinausragt. Im *Dachstein Eispalast* kann man ein Stück durch den Gletscher gehen, man kann hier oben aber auch eine einfache Gletscherwanderung unternehmen, die auf einem präparierten Weg in ca. 1 Std. zur Dachsteinwarte führt. *www.derdachstein.at | Talstation in Ramsau, 75 km entfernt*

GRUNDLSEE [126 B1]
Der größte See der Steiermark vor der beeindruckenden Kulisse des Dachsteins ist ein beliebtes Revier für Angler, Segler, Surfer und Taucher. Von Gößl am Ostufer führt ein kurzer Weg weiter an den *Toplitzsee*. Der liegt märchenhaft und ist legendär, doch die angeblich im See versenkten Schätze des Dritten Reichs wurden nie gefunden. Köstliche Seesaiblinge werden in der *Fischerhütte* zubereitet *(Mi geschl. | €€)*. *5 km entfernt*

OEDENSEE [126 B1]
Ein besonderes Stück Natur ist der im Gemeindegebiet von Pichl-Kainisch gelegene und unter Naturschutz stehende Oedensee (schöner Wanderweg). Auf geführten Touren können Sie Fauna und Flora hautnah erleben und danach in die *Kohlröserlhütte* einkehren. In dem Wald- und Fischrestaurant versteht man sich gut auf die Zubereitung steirischer Spezialitäten und Fischgerichte aus den heimischen Gewässern *(tgl. | Kainisch 144 | Tel. 03624/213 | €)*. *8 km entfernt*

STIFT ADMONT ⭐ [127 D1]
Wie durch ein Wunder blieb die Bibliothek der Benediktinerabtei von 1074 nach einem Brand erhalten. Sie ist die größte Stiftsbibliothek der Welt. Das Deckenfresko schuf Bartolomeo Altomonte. Heute macht das Stift u. a. mit einer Sammlung zeitgenössischer Kunst vornehmlich österreichischer Herkunft und einer modernen Klostererlebniswelt, die multimedial Einblicke ins klösterliche Leben gewährt, auf sich aufmerksam *(Mitte März–Nov. tgl. 10–17 Uhr | Eintritt 9,50 Euro | www.stiftadmont. at)*. Admont liegt am Eingang zum Nationalpark Gesäuse. Hier hat sich die Enns ein hochalpines Durchbruchstal mit bis zu 1800 m hohen Steilwänden gegraben. gute Wander- und Klettermöglichkeiten *(www.nationalpark.co.at)*. *63 km entfernt*

GRAZ

[128 B4] **Die zweitgrößte Stadt Österreichs (260 000 Ew.) hat in den letzten Jahren einen Modernisierungsschub erlebt, der seinen Höhepunkt im Jahr 2003 hatte, als Graz Europäische Kulturhauptstadt war.** Die Insel in der Mur und das Kunsthaus sind architektonische Zeugnisse dieser Entwicklung. Das besondere Flair der Stadt wird durch ihre südliche Lage, das milde Klima, prächtige Renaissancepalais und nicht zuletzt durch ihr studentisches Publikum geprägt. Die Altstadt zählt seit 1999 zum Unesco-Weltkulturerbe, da sie den „größten mittelalterlichen Stadtkern im deutschsprachigen Raum" umfasst. Mit dem Schlossberg und dem Stadtpark gibt es zwei zentrale Grünanlagen, die viel zur Grazer Lebensqualität beitragen. Beim Schlendern durch Graz sollten Sie den einen oder anderen Blick in einen der vielen Innenhöfe werfen. Dort scheint die Zeit stehen geblieben zu sein, und es tut gut, sich von der gelassen-südlichen Stimmung einfangen zu lassen.

■ SEHENSWERTES ■

DOM

Die 1174 erstmals erwähnte und im 15. Jh. umgebaute Kirche war früher

kleinere Veranstaltungen statt. Die Insel ist von beiden Uferseiten aus mit Stegen zu begehen ist. *Franz-Josefs-Kai/Lendkai*

JOANNEUM

Österreichs ältestes Museum. Ende November 2011 wird das Joanneums-

Tradition und Moderne: die futuristische Insel in der Mur und die Grazer Innenstadt

mit der Burg verbunden und wurde erst 1786 zur Bischofskirche. Beachtlich ist das „Landplagenbild" von Thomas von Villach (1485) an der Außenseite. *Bürgergasse*

INSEL IN DER MUR

Mit den ineinanderlaufenden muschelförmigen Bauteilen setzte der Amerikaner Vito Acconci ein multifunktionelles Bauwerk aus Stahl, Chrom und Glas in die Mur, das neue Perspektiven auf Stadt und Fluss eröffnet. Im Sommer finden hier

viertel in Graz neu eröffnet, zunächst mit der *Neuen Galerie Graz* (Kunst ab 1800 bis zur Gegenwart) und der *Multimedialen Sammlung* (die Steiermark in Bild-, Ton- und Filmdokumenten), 2012 wird das neu gestaltete *Naturkundemuseum* für Besucher freigegeben. Ebenfalls zum Joanneum gehören das *Kunsthaus*, das *Schloss Eggenberg* (Eggenberger Allee 90) und das *Landeszeughaus* (Herrengasse 16). *Tageskarte für alle Museen 7 Euro | Joanneumsviertel | www.museum-joanneum.at*

GRAZ

KUNSTHAUS

Das 2003 eröffnete Kunsthaus am Murufer gilt als neues Wahrzeichen der Stadt. Die beiden Londoner Architekten Peter Cook und Colin Fournier schufen mit ihrer innovativen Formensprache einen spannenden Ort der Kunst. *Di–So 10–18 Uhr | Eintritt 7 Euro | Lendkai 1 | www. kunsthausgraz.at*

bogentor beim Eingang Schmiedgasse stammt aus dem Jahr 1494.

MAUSOLEUM FERDINANDS II.

Das markante, an den drei Kuppeln erkennbare Grabmal wurde 1614–38 von Pietro de Pomis errichtet. Nach dem Tod des Kaisers wurde das Innere nach Entwürfen von Bernhard Fischer von Erlach gestaltet; es zeigt

Der prachtvolle Arkadenhof ist das Herzstück des Landhauses Graz

LANDHAUS

Der Mitte des 16. Jhs. von Domenico d'Allio als Sitz der Landesstände geschaffene Renaissancebau ist mit den luftigen Laubengängen und dem dreistöckigen Arkadenhof das Architekturjuwel der Landeshauptstadt, in dem der steirische Landtag seine Sitzungen abhält. Abends finden im Hof häufig Konzerte statt. Das Rund-

deutlich den Übergang von der Renaissance zum Barock. *Bürgergasse beim Dom*

SCHLOSSBERG

Beherrscht wird der 473 m hohe Schlossberg vom Uhrturm, dem Grazer Wahrzeichen aus dem Jahr 1561, zugleich der am besten erhaltene Teil der ehemaligen Stadtfestung. Zeit für einen Spaziergang auf den Schloss-berg – vom Karmeliterplatz ausge-hend – sollten Sie sich unbedingt nehmen; schneller geht's mit der Standseilbahn *(Talstation Kaiser-Franz-Josef-Kai),* am schnellsten mit dem Lift vom Schlossbergplatz aus.

ESSEN & TRINKEN

MAYERS

Haubenlokal, das sich der steirisch-asiatischen Fusionsküche verschrie-ben hat. Auf der Speisekarte stehen etwa Marinierter Alpenlachs auf Glasnudelsalat mit Sesam-Korian-der-Vinaigrette oder Rinderfilet mit Zitronenkartoffeln und Currymayon-naise. Wunderbare Terrasse. *Nur abends geöffnet, Sa/So geschl. | Sackstr. 29 | Tel. 0316/81 33 91 | www.mayers.cc | €€€*

MOHRENWIRT

Klassisches Wirtshaus mit einfacher, fleischlastiger Küche. Ebenso einfach ist die Einrichtung, die sich seit gut vierzig Jahren nicht verändert hat. Dafür könnte man nirgendwo authen-tischer essen – Grazer Gastlichkeit seit 1586! *Do/Fr geschl. | Mariahil-ferstr. 16 | Tel. 0316/71 20 08 | €*

STAINZERBAUER

In einem der ältesten Lokale der Stadt kommt kreativ veredelte steirische Küche auf den Tisch, und die Wein-karte zählt zu den besten der Stadt. Entzückender Gastgarten im Renais-sance-Innenhof. *Tgl. | Bürgergasse 4 | Tel. 0316/82 11 06 | €€*

EINKAUFEN

Auf dem *Kaiser-Josef-Markt* hinter der Oper und dem *Bauernmarkt*

Lendplatz werden täglich frische Pro-dukte aus der Umgebung verkauft, vor allem auch das steirische Kernöl aus Kürbiskernen. Graz wird auch als Stadt der Bäcker apostrophiert, und das vielfältige Angebot dürfen Sie sich wirklich nicht entgehen lassen. So wundert es nicht, wenn sich die *Hofbäckerei Edegger-Tax* als „Ma-nufaktur für erlesene Feinbackwaren" versteht *(Hofgasse 6).* Wem die Zeit fehlt, um an die Südsteirische Wein-straße zu fahren, der kann Weine und Kulinaria in der *Vinofaktur (tgl. 10–22, So ab 11 Uhr | Belgiergasse 1)* probieren und kaufen.

Insider Tipp

ÜBERNACHTEN

HOTEL DANIEL

Insider Tipp

Hier wurde das neue Hotelkonzept „Budget&Design" realisiert: funktio-nal, attraktiv, schick, lässig und be-zahlbar. *101 Zi. | Europaplatz 1 | Tel.*

>LOW BUDGET

> Besonders günstig und extrem schön wohnt man in den Ferienhäusern von *Landlust* – die bäuerlichen Häuser, mindestens 100 Jahre alt, wurden stilvoll saniert. Eine Ferienwohnung für zwei gibt es bereits ab 40 Euro/ Tag. *www.landlust.at*

> Das *World Bodypainting Festival* fin-det immer Ende Juni/Anfang Juli in Pörtschach am Wörther See statt. Der Dreitagespass kostet nur 14 Euro, und dafür können Sie rund um die Uhr farbenprächtig bemalte Körper und Gesichter bei tollen Bühnenshows bestaunen. Info: *www. bodypain ting-festival.com* bzw. bei *Wörther See Tourismus (Tel. 04474/382 88)*

0316/71 10 80 | *www.weitzer.com/daniel* | € – €€

PALAIS-HOTEL ERZHERZOG JOHANN

Das opulente Stadtpalais an allererster Adresse wurde schon 1852 in ein Hotel umgewandelt. Man gibt sich hier gediegen – Antiquitäten, echte Teppiche, Parkettböden –, was fürstliches Wohngefühl aufkommen lässt. Sehr angenehme Atmosphäre, charmanter Service, großzügige Zimmer. *59 Zi.* | *Sackstr. 3–5* | *Tel. 0316/81 16 16* | *www.erzherzog-johann.com* | €€€

DAS WEITZER 🔊

Der Platzhirsch unter den Grazer Hotels ist das altehrwürdige Weitzer am Grieskai – und wenn man in einem lässigen, coolen, trendigen Hotel zu einem vernünftigen Preis wohnen möchte, führt kein Weg daran vorbei. *202 Zi.* | *Grieskai 12–16* | *Tel. 0316/70 30* | *www.weitzer.com* | €€

■ FREIZEIT & SPORT

An Graz vorbei führt der Murradweg von den Hohen Tauern bis ins steirische Thermen- und Weinland. Im *Golfzentrum Andritz (Andritzer Reichsstr. 157* | *Tel. 0316/679 58 00)* finden Sie gute Übungs- und Trainingsbedingungen vor.

■ AM ABEND

Die Grazer Nachtszene ist bunt und vielfältig und zieht Menschen aus einem großen Einzugsgebiet an. Das ▶▶ *Parkhouse (Stadtpark)* verwandelt sich nachts vom Café in eine heiße Partyzone. Vom 🌼 *M1 (Färbergasse)* geht der Blick über die Dächer von Graz. Ein Hot Spot ist die asiatisch angehauchte ▶▶ *Buddha Bar Pfauengarten (Hartiggasse 4)* mit einem Riesenangebot an leckeren Cocktails. Nach dem Opern- oder Theaterbesuch gehen die Grazer traditionell ins *Theatercafé (Mandellstr. 11)*, berühmt für seine variantenreiche Eierspeis' (Rührei). Auf der hauseigenen Kabarettbühne gibt's von September bis Mai feinste Kleinkunst.

■ AUSKUNFT

GRAZ INFORMATION
Herrengasse 16 | *8010 Graz* | *Tel. 0316/807 50* | *www.graztourismus.at* | *www.steiermark.com*

■ ZIELE IN DER UMGEBUNG

BAD RADKERSBURG   [128 C5]

Die kleine Stadt (1450 Ew.) liegt direkt an der Mur und somit an der Grenze zu Slowenien, wo sich die ehemalige Vorstadt ausbreitet. Angelegt wurde Bad Radkersburg im 13. Jh. als Festung gegen die Ungarn. Dieser Wehrcharakter wird besonders deutlich, wenn man sich vom Kurzentrum her nähert und die Stadtmauer vor einem aufragt. Sie ist nahezu geschlossen erhalten und schützt ein Kleinod historischer Städtebaukunst. Die zweite großen Attraktion von Bad Radkersburg ist die Therme. Hier lässt sich ein warmes Bad genießen – oder bei Problemen mit der Bewegung gezielt Linderung im Wasser suchen. *www.badradkersburg.at* | *80 km entfernt*

HARTBERG   [128 C3]

Die Gegend um die Metropole der Oststeiermark hat eine gut 3000-jährige Siedlungsgeschichte. Teile der

STEIERMARK/KÄRNTEN

imposanten Stadtmauer mit Wehrtürmen wie dem *Reckturm* im Schlosspark und dem *Schölbingerturm* am Stadtteich, das *Schloss* der späteren Burg- und Stadtherren am oberen

KITZECK IM SAUSAL [128 B5]

Im höchsten Weinort Europas steht auch das 1. steirische *Weinmuseum (April–Okt. Sa/So 10–12, 14–17 Uhr, Nov.–März | nur nach Voranmeldung*

Das Weinmuseum in Kitzeck dokumentiert die Geschichte des Weinbaus in der Steiermark

Ende des Schlossparks, die barockisierte *Stadtpfarrkirche* mit dem Hartberger Karner (Beinhaus mit knallbunten Fresken) sowie das *Rathaus* von 1898 am Hauptplatz sind nur einige der historischen Sehenswürdigkeiten, die es in der idyllischen Innenstadt zu entdecken gilt. Die Stadtgeschichte dazu gibt's im *Museum* zu erfahren (Mi–So 10–16 Uhr | Eintritt 4 Euro | Herrengasse 6). Grandiose steirisch-asiatisch-mediterrane Küche serviert die *Vinothek Pusswald (So/Mo geschl. | Grazer Str. 18 | Tel. 03332/625 84 | www.restaurant-pusswald.at | €€– €€€).* 62 km entfernt

unter 03456/30 00 | Eintritt 3 Euro). Der Weinwanderweg führt bis zur ☼ Aussichtswarte auf dem *Demmerkogel* (670 m). Ideal auch zum Radfahren und Mountainbiken *(Radverleih | Tel. 03456/29 48). 49 km entfernt*

RIEGERSBURG [128 C4]

Insider Tipp

Die 850 Jahre alte Festung wurde auf einem 200 m hohen Felsen mit eindrucksvollen Wehrmauern über eine Länge von 3 km gebaut. Die Burg ist eng mit der Verfolgung und Verurteilung von Hexen verbunden (*Hexenmuseum*). Unbedingt sehenswert ist der Rittersaal mit der berühmten Hausorgel und einem Porträt der

„Gallerin", einer blutrünstigen Gräfin, die auch „die schlimme Liesl" genannt wurde. Ein Schrägaufzug bringt Sie in 90 Sekunden hinauf *(April und Okt. tgl. 10–17, Mai–Sept. 9–17 Uhr| Eintritt 10 Euro)*. In Burgnähe gibt es eine Greifvogelwarte mit Falknervorführung sowie die Schokoladen-Manufaktur *Josef Zotter,* wo man nicht nur die beste Schokolade des Landes erhält sondern auch eine spannende Führung miterleben kann *(www.zotter.at). 63 km entfernt*

Insider Tipp **SCHLOSS HERBERSTEIN** [128 C3]

Das beeindruckende Schloss Herberstein gleicht mehr einer trutzigen Burg, die sich ganz in der Nähe des beliebten Stubenbergsees in der Feistritzklamm versteckt. Das Schloss ist in Privatbesitz und wird auch noch bewohnt, ist aber dennoch zu besichtigen. Sehenswert sind daneben noch die gepflegten historischen Gärten, das moderne *Gironcolimuseum* mit Werken des zeitgenössischen Künstlers Bruno Gironcoli sowie ein *Zoo* mit Tieren aus 130 Arten von allen fünf Kontinenten. *Schloss: März/ April, Okt./Nov. tgl. 10–16, Mai–Sept. 9–17 Uhr, 13 Euro | www.herberstein.co.at. 33 km entfernt*

STAINZ [128 B5]

Zwischen Stainz und der Festungsstadt Deutschlandsberg breitet sich das weststeirische Schilcherland aus, das nach der nur hier angebauten Blauen Wildbachrebe benannt ist. Der säurehaltige, roséfarbene Schilcher liegt derzeit im Trend. Gut essen kann man im *Rauch-Hof (Mo/Di geschl. | Wald 21 | Tel. 03463/28 82 | €€)*. Das Schilcherland entdeckt man

am besten bei der Fahrt von Stainz ins 5 km entfernte *Rassach* und weiter auf den *Reinischkogel (www.schilcherland.com). 33 km entfernt*

SÜDSTEIRISCHE WEINSTRASSE ★ [128 B5–6]

Diese Themenstraße liegt ganz im Süden an der Grenze zu Slowenien und ist ein Netz aus Straßen, Pfaden und winzigen Wegen, das viel Raum für eigene Entdeckungen lässt – Buschenschanken, Weinbergwanderungen, Ab-Hof-Verkauf, Winzerhotels, Gasthäuser. An all dem kommt man automatisch vorbei, wenn man in *Gamlitz* startet (Weinbaumuseum im Schloss, *www.melcher.at*) und von dort weiter nach *Leutschach* fährt. Auf dem Rückweg nimmt man die Abzweigung nach *Langegg,* staunt über die sensationelle **Weinkeller**architektur des Spitzenwinzers *Sabathi* **Insider Tip** *(Pössnitz 48 | www.sabathi.com)* und wird nach wenigen Kilometern am ✷ *Pössnitzberg* mit einem grandiosen Rundumblick über die liebliche Hügellandschaft, die sehr an die Toskana erinnert, belohnt. Abschließender Einkehrtipp (Strudel!): **Bu**schenschank *Germuth (Do–So ab 14* **Insider Tipp** *Uhr | Glanzer Kellerstr. 34).* Eine begleitende Karte „Wege zum Wein" ist in allen örtlichen Infobüros erhältlich sowie vorab bei *Steiermark Tourismus (Tel. 0316/400 30 | www.steiermark.com). 55 km entfernt*

KLAGENFURT

[126 C5] **Das Zentrum der Kärntner Landeshauptstadt (94000 Ew.) bildet der großzügig angelegte Neue Platz mit stattlichen Bürgerhäusern und dem Lindwurm-**

brunnen im Mittelpunkt. Der Alte Platz wird von eindrucksvollen Barockhäusern wie dem Alten Rathaus gesäumt, und in der Kramergasse stehen Häuser aus der Gründer- und Jugendstilzeit. Die Zeit für einen Stadtspaziergang sollte man großzügig bemessen, denn die historischen Passagen und malerischen Innenhöfe laden immer wieder zum Bummeln

protestantischen Ständen erbaut. Nachdem sie 1604 den Jesuiten übergeben worden war, diente sie ab 1787 den Bischöfen von Gurk als Domkirche. Neben den drei umlaufenden Emporen zieht der mächtige Hochaltar mit einem Altarblatt von Daniel Gran (1752) und einem Christusbild von Paul Troger die Aufmerksamkeit auf sich. *Domplatz*

Mediterranes Flair: Straßencafé auf dem Alten Platz in Klagenfurt

ein. Dass Klagenfurt auch Universitäts- und Verwaltungsstadt ist, zeigt sie vor allem während der Woche. Im Sommer findet das Leben am nahe gelegenen Wörther See statt.

■ SEHENSWERTES ■

DOMKIRCHE

Die früheste Wandpfeilerkirche Österreichs wurde Ende des 16. Jhs. von

LANDESMUSEUM RUDOLFINUM

Das Neorenaissancegebäude birgt eine landeskundliche Sammlung mit prähistorischen Funden, Mineralien und vielen Exponaten zur Stadtgeschichte. Nue inszeniert wurde der Großglockner als multimediale Erlebniswelt. *Di–Fr 10–18, Do 10–20, Sa/So 10–17 Uhr | Eintritt 7 Euro | Museumgasse 2*

KLAGENFURT

LANDHAUS

Kernstück des im 16. Jh. errichteten, repräsentativen Profanbaus mit zwei Treppentürmen und Arkadenhof ist der berühmte Wappensaal mit einem Deckengemälde von Joseph Fromiller

Kunst des 20. und 21. Jhs. mit Schwerpunkt Kärnten geprägt sind, steht eine Fläche von 1000 m² für Wechselausstellungen zur Verfügung. *Di–So 10–18, Do bis 20 Uhr | Eintritt 5 Euro | Burggasse 8*

Speit kein Feuer, sondern Wasser: Lindwurm-Denkmal am Klagenfurter Neuen Platz

und den 650 Wappen der einstigen Landstände. *April–Okt. Mo–Sa 9–17 Uhr | Eintritt 3 Euro | Landhausplatz*

LINDWURM-DENKMAL

Das Wahrzeichen von Klagenfurt am Neuen Platz entstand 1590. Als Vorbild für den Drachen galt der Schädel eines Wollhaarnashorns, der in der Nähe gefunden wurde und für einen Drachenkopf gehalten wurde. Die Herkulesfigur und das eiserne Gitter wurden im 17. Jh. ergänzt.

Insider Tipp MUSEUM MODERNER KUNST KÄRNTEN

Neben den eigenen Sammlungsbeständen, die von der österreichischen

ROBERT-MUSIL-LITERATUR-MUSEUM

Im Klagenfurter Geburtshaus des österreichischen Autors von Weltrang und Klassikers der Moderne widmet man sich dessen Œuvre, aber auch den Werken von Christine Lavant und Ingeborg Bachmann. *Mo–Fr 10–17, Sa 10–14 Uhr | Eintritt frei | Bahnhofstr. 50 | www.musilmuseum.at*

■ ESSEN & TRINKEN ■

BIERHAUS ZUM AUGUSTIN

Zwei Theken in langen Gewölben, süffiges Hausmannsbier und bodenständige, günstige Küche – kein Wunder, dass das *Augustin* zum Treffpunkt geworden ist. *Mo–Sa ab*

11 Uhr | Pfarrhofgasse 2 | Tel. 0463/ 51 39 92 | €

DOLCE VITA

Der Nobelitaliener ist die Nummer eins in Klagenfurt. Frischer Fisch und Meeresfrüchte aus Wildfang. *Mo–Fr 11.30–15 und 18–24 Uhr | Heuplatz 2 | Tel. 0463/554 99 | www.dolce-vita.at | €€€*

DER HÖHENWIRT ❊

Insider Tipp

Der Blick vom Pyramidenkogel über den Wörther See ist atemberaubend. Es zahlt sich aus, den 13 km langen Weg nach Keutschach zu nehmen, um hier in liebevoll gestaltetem Rahmen eine frische Küche mit heimischen Zutaten zu genießen. Zudem gibt es fangfrischen Fisch. *Mai–Okt. tgl., sonst tel. erfragen | Keutschach am See | Pyramidenkogel 4 | Tel. 04273/ 23 28 | €€*

■ EINKAUFEN ■

Die meisten Boutiquen gibt es rund um den Alten Platz, auch in den Passagen und Innenhöfen. Der Klagenfurter Bauernmarkt im Zentrum – am *Benediktinerplatz (Do, Sa)* – bietet eine bunte Vielfalt an frischen, regionalen Produkten. Edle Brände, Weine, Kärntner Delikatessen verkaufen *Jäger's Feinkost* und die *Vinothek* am Beethovenplatz.

■ ÜBERNACHTEN ■

CARINTHIA

Die zentrale Lage und die gemütlichen Zimmer sprechen für das nette Haus, und das Preis-Leistungs-Verhältnis stimmt auch. *27 Zi. | 8.-Mai–Str. 39–41 | Tel. 0463/51 16 45 | www.stadthotel.co.at | €€*

■ FREIZEIT & SPORT ■

Es gibt kaum eine Sportart, die man rund ums Freizeitparadies Wörther See nicht betreiben könnte. Im Mittelpunkt stehen Schwimmen, Segeln, Surfen und Drachenfliegen, und es gibt selbstverständlich auch einen Golfplatz *(Dellach | Tel. 04273/ 25 15).*

■ AM ABEND ■

Das Nachtleben spielt sich in erster Linie rund um den Wörther See ab, wo das *Casino Velden* Mittelpunkt des Society-Treibens ist. Der *Diskoclub Custo* in der Herrengasse 12 *(Fr/ Sa)* hat sich binnen kurzem zum Glamourtreffpunkt in der City entwickelt. Ruhigere Gemüter fühlen sich im *Pub Einstein (Paracelsusgasse 14)* wohl.

■ AUSKUNFT ■

KLAGENFURT TOURISMUS

Neuer Platz 1 | 9010 Klagenfurt | Tel. 0463/537 22 23 | www.klagenfurt-tourismus.at

■ ZIELE IN DER UMGEBUNG ■

FRIESACH
[126 C4] *Insider Tipp*

Die älteste Stadt Kärntens (um 860 erstmals erwähnt) stand unter der Herrschaft der Salzburger Fürsterzbischöfe und war im Mittelalter eine blühende Handelsstadt. Die Bartholomäuskirche, das St.-Josefs-Kloster, die Deutschordenskirche und die Burgruine Lavant sind stolze Zeugen dieser Blütezeit. Vom ❊ *Petersberg* und vom *Virgilienberg* öffnet sich der Blick über die Stadt und das weite Metnitztal. Jährlich finden Burgfestspiele statt. Übernachtungstipp: *Friesacherhof (16 Zi. | Hauptplatz 4 | Tel.*

04268/21 23 | *www.friesacherhof.at* |
€). *43 km entfernt*

GURK [126 C4]

Die romanische Basilika stammt aus
dem 12. Jh. und zählt zu den prächt-
igsten Kirchen des ganzen Landes.
Besonders sehenswert sind die romanische Krypta mit 100 Säulen, die
Fresken aus der Gotik und Renaissance sowie der barocke Hochaltar,
der von Raphael Donner stammt.
38 km entfernt

HOCHOSTERWITZ ⭐ ≈ [127 D5]

Walt Disney war von dieser Festung
seinerzeit so beeindruckt, dass er sie
als Vorbild für seine Märchencomics
verwendete. Wer den mühsamen Aufstieg durch die 14 Tore geschafft hat,
wird mit herrlicher Fernsicht und der
Besichtigung einer eindrucksvollen
Waffenkammer belohnt. *20 km entfernt*

Insider Tipp
ST. PAUL [127 E5]

So unscheinbar das 1091 gegründete
Benediktinerstift St. Paul im Lavanttal nach außen auch wirken mag, in
seinen Kunstkammern und in der
Gemäldegalerie ruhen künstlerisch
und historisch höchst wertvolle
Schätze, u.a. Werke von Rubens,
Dürer, Holbein und Kremser
Schmidt. Beeindruckend ist auch die
romanische Pfeilerbasilika, in die
nach dem Brand von 1367 ein goti-
sches Gewölbe eingezogen wurde. In
einem Trakt des Klosters werden auch
Zimmer vermietet *(Stiftsmuseum |
Mai–Okt. Di–So 9–17 Uhr)*. Einkehr
im *Landgasthof Loigge (So-abends
und Mo geschl. | Hauptstr. 19 | Tel.
04357/20 56 | €€). 55 km entfernt*

ST. VEIT AN DER GLAN [126 C5]

Die frühere Landeshauptstadt hatte
ihre wirtschaftliche und kulturelle
Blütezeit im Mittelalter. Der 200 m
lange und 30 m breite Hauptplatz
zählt zu den schönsten städtebauli-
chen Ensembles des Mittelalters. Das
Hotel Fuchspalast wurde vom Maler
Ernst Fuchs, einem der wichtigsten
Vertreter der Wiener Schule des
Phantastischen Realismus, gestaltet
und ist seit Herbst 2007 frisch reno-
viert *(60 Zi. | Prof.-Ernst-Fuchs-Platz
1 | Tel. 04212/46 60 | www.hotel-
fuchspalast.at | €€). 20 km entfernt*

WÖRTHER SEE [126 C5]

Es ist ein Glücksfall der Natur, dass
aus der eiszeitlichen Gletscherwanne
einer der beliebtesten Badeseen geworden ist. Da in den See, der über
den Lendkanal mit der Stadt Klagenfurt verbunden ist, kaum Zuflüsse
münden, erreicht das Wasser im
Sommer Temperaturen von bis zu 28
Grad. Wo sich Gustav Mahler beim
Komponieren inspirieren ließ, wo
Jahrzehnte später Filme gedreht und
Schnulzen komponiert wurden, zeigt
heute die Szene des Beachvolleyballs
ihre gut definierten Körper und heben
die Wörther-See-Festspiele Tanz und
Musical in den Mittelpunkt. Im Gegensatz zum stark bebauten Nordufer
ziehen sich an der Südseite die Wälder bis ans Wasser heran. In der
barocken Kirche auf der malerischen
Halbinsel Maria Wörth wird gerne
geheiratet. Wer sich dem Rummel in
Krumpendorf, Velden und Pörtschach
entziehen will, macht eine Radtour
um den See. Für die kaum 40 km
lange Strecke sind ca. 4 Stunden zu
veranschlagen.

Das neue *Werzer's Hotel Velden* *(17 Zi. | Seecorso 64 | Velden | Tel. 04274/38 28 00 | www.werzers.at | €€€)* ist das Nonplusultra für ein paar Tage zu zweit. Zur Standardausrüstung zählen eine Doppelbadewanne und ein Flat-screen-TV im Badezimmer. *Velden ist 22 km entfernt*

VILLACH

[126 B5] Kärntens zweitgrößte Stadt (59 000 Ew.) wurde als wichtiger Verkehrsknotenpunkt im Zweiten Weltkrieg stark zerstört. Von der historischen Stadt ist deshalb mit Ausnahme einiger Bürgerhäuser am Hauptplatz nicht mehr viel zu sehen. Dafür entschädigt die Seenlandschaft in der Umgebung mit Faaker, Ossiacher und Millstätter See. Wo die Gail in die Drau fließt, hatten sich schon die Römer angesiedelt, Brücken gebaut und die Qualität der Thermen des Warmbads Villach erkannt. Zur Narrenzeit hat die Stadt Hochkonjunktur.

◼ SEHENSWERTES ◼

FAHRZEUGMUSEUM

An die 200 auf Hochglanz polierte Oldtimer – vom Goggomobil bis zum Messerschmidt-Kabinenroller – erinnern an die Zeit des Wirtschaftswunders. *Tgl. 10–18 Uhr | Eintritt 6,50 Euro | Draupromenade 12 | www.old timermuseum.at*

STADTMUSEUM

Das Gebäude selbst stammt aus dem 16. Jh. und beherbergt heute interessante Fundstücke, Kunstwerke und Dokumente aus der Zeit der ersten Besiedlung in der Jungsteinzeit bis in die Gegenwart, so auch das Originaltypar des Villacher Stadtwappens von 1270. *Mai–Okt. Mo–Sa 10–16.30 Uhr | Eintritt 3 Euro | Widmanngasse 38*

STADTPFARRKRICHE ST. JAKOB

Die dreischiffige Basilika mit dem kunstvollen Netzrippengewölbe, der Steinkanzel von 1555, einem goti-

Auf einem Kreidefelsen bei St. Veit thront die Burg Hochosterwitz

schen Taufstein und dem Thomas von Villach zugeschriebenen Christophorus-Fresko ist auf jeden Fall einen Besuch wert. *Kirchplatz 8*

■ ESSEN & TRINKEN ■

KAUFMANN & KAUFMANN

Das Ambiente ist gediegen, die feine Küche mediterran inspiriert, mit Pro-

■ EINKAUFEN ■

Vor allem in der Gegend rund um den Hauptplatz und in den Passagen gibt es etliche hübsche Geschäfte. Frisches Obst und allerlei Kärntner Schmankerl werden auf dem gut sortierten *Bio-Bauernmarkt am Hans-Gasser-Platz (Fr ab 10.30 Uhr)* angeboten.

Venedig lässt grüßen: Uferstege am Millstätter See

dukten aus der näheren Umgebung, die Weinkarte überzeugend. *So/Mo geschl. | Dietrichsteingasse 5 | Tel. 04242/258 71 | €€*

URBANI WEINSTUBEN

Innovative Alpe-Adria-Küche. Chef Michael Kaspar bringt die heimische Gebirgs- mit mediterraner Fischküche zusammen. *Mo–Fr 9–24 Uhr | Meerbothstr. 22 | Tel. 04242/281 05 | www.restaurant-urbani.at | €€€*

■ ÜBERNACHTEN ■

ALTSTADTHOTEL MOSSER 🔊

Das renovierte Haus liegt im Zentrum von Villach. Gediegene Zimmer, angenehmer Wellnessbereich. Seit über 260 Jahren im Familienbesitz. *45 Zi. Bahnhofstr. 9 | Tel. 04242/241 15 | www.hotelmosser.at | €€*

KRAMER

Inside Tipp

„Der Kramer", wie er in Villach genannt wird, ist ein traditionsreiches

Haus mitten in der Innenstadt und doch in grüner Umgebung. Hübsche Terrasse und kleiner Spa. *40 Zi. Italiener Str. 14 | Tel. 04242/249 53 | www.hotelgasthofkramer.at | €*

■ AM ABEND

In den Seitengassen des Hauptplatzes tummeln sich die Nachtschwärmer. Das *Per Du (Rathausplatz 1)* imponiert durch seine große Getränkeauswahl, und in der Disko *Halli Galli (Gewerbezeile)* geht immer wieder die Post ab. Für die Romantiker ist eine Schifffahrt mit Salonmusik auf der Drau das Richtige.

■ AUSKUNFT

VILLACH-TOURISMUS
Bahnhofstr. 3 | 9500 Villach | Tel. 04242/205 29 00 | www.villach.at

■ ZIELE IN DER UMGEBUNG

MILLSTÄTTER SEE   [126 A4–5]
Der zweitgrößte See Kärntens ist 12 km lang und liegt eingebettet zwischen Bergen und Nocken, wie die Hügel hier heißen. Wandern und Baden sind angesagt. Das Hotel Koller in Seeboden bietet Dinner for two auf einem Floß im See *(36 Zi. | Seepromenade 2–4 | Tel. 04762/ 815 00 | www.kollers.at | €€€). 42 km entfernt*

MÖLLTAL   [125 E–F4–5]
Das alte Goldsuchertal führt zum Wallfahrts- und Urlaubsort Heiligenblut, wo die berühmte Großglockner-Hochalpenstraße beginnt, die, vorbei an 37 (!) Dreitausendergipfeln, in 31 Kehren in den Salzburger Pinzgau hinüberführt. Mautpflicht! *40 km entfernt*

NASSFELD   [125 F6] *Insider Tipp*
Die Gegend um die Sonnenalpe Nassfeld und den Pressegger See bei Hermagor ist im Winter ein beliebtes Skigebiet und im Sommer das Eldorado für Wanderer und Mountainbiker. *48 km entfernt*

NOCKALMSTRAßE ☀   [126 B4]
Die Nockberge rund um Bad Kleinkirchheim, das für seine Thermen bekannt ist, sind ein beliebtes Wintersport- und Wandergebiet. Wer kurvenreiches Fahren mag, wird mit Freude die Nockalmstraße ab Innerkrems fahren. Grandioses Panorama auf einer Höhe von 2000 m *(Nov. bis April gesperrt, Mautpflicht). 38 km entfernt*

OSSIACHER SEE   [126 B5]
Im Gegensatz zum Wörther See ist der Ossiacher See mehr etwas für den Familienurlaub. In der barocken Stiftskirche von Ossiach finden Konzerte des Carinthischen Sommers statt. Von der ☀ Aussichtswarte auf der Gerlitzen, die über die Panoramabahn zu erreichen ist, liegt Ihnen Kärnten zu Füßen. *14 km entfernt*

SCHLOSS PORCIA   [126 A4–5]
Das beeindruckende Schloss in Spittal an der Drau wurde ab 1533 für Gabriel von Salamanca, einen engen Vertrauten Kaiser Ferdinands I., errichtet und zählt zu den schönsten Renaissancebauten des Landes. Im dreigeschossigen Arkadenhof wird im Sommer Theater gespielt, im Schloss ist ein Volkskundemuseum untergebracht. *Tgl. 9–18, im Winter Mo–Do 13–16 Uhr | Eintritt 4,50 Euro | 48 km entfernt*

> PARADIES FÜR BERGFEX UND BADENIXE

Der besondere Reiz dieser Region liegt im Zusammenspiel von Kultur und Natur

> Das Salzkammergut liegt in der Mitte Österreichs und umfasst die schönsten Ecken der Bundesländer Oberösterreich, Steiermark und Salzburg. Der Abbau von Salz hat die Gegend reich gemacht. In Bad Ischl und Hallstatt, dem ältesten Salzbergwerk überhaupt, wird immer noch Salz abgebaut.

Heute zieht es erholungssüchtige Städter und Wasserratten an die Ufer der klaren Seen. Wer die klassische Sommerfrische liebt, ist hier richtig.

Das Salzburger Land mit der weltbekannten Mozart-Stadt als Landeshauptstadt gliedert sich in fünf Bezirke: Pinzgau, Pongau, Lungau, Tennengau und Flachgau. Viel wichtiger ist jedoch die Aufteilung in das Land „inner Gebirg" und in den flachen Rest, wovon der Großteil die eigene Topografie schon im Namen trägt: Flachgau. Im Land inner Gebirg geben die Dreitausender der Hohen Tauern, darunter Großglockner und

Bild: Salzburg

OBERÖSTERREICH/ SALZBURG

Großvenediger, den Ton an, im Winter zum Skilaufen, im Sommer zum Wandern und Bergsteigen. Die Landschaft rund um die Stadt Salzburg ist heiter und verwöhnt durch hübsche Seen und mildes Klima. Ausführliche Informationen finden Sie im MARCO POLO Band „Salzburger Land/Salzkammergut/Salzburg".

Die Landschaft Oberösterreichs erstreckt sich zum Großteil nördlich des Alpenhauptkamms und wird im Mühlviertel durch das Massiv der Böhmischen Platte geprägt. Gegliedert ist das viertgrößte Bundesland in das Mühlviertel im Norden, das Inn- und das Hausruckviertel im Westen und das Traunviertel, das sich von Süd nach Ost erstreckt. Die höchste Erhebung der oberösterreichischen Alpen ist der Dachstein mit 2995 m. Die jung wirkende und lebendige Landeshauptstadt Linz war 2009 Europäische Kulturhauptstadt.

GMUNDEN

[118 C5] **Die Bedeutung der malerisch am Nordufer des Traunsees auf 422 m Höhe gelegenen Stadt (13 100 Ew.) geht auf den Salzhandel zurück.** Die heutige Beliebtheit verdankt die Kurstadt ihrer Lage an dem von Bergen umgebenen See. An lauen Sommerabenden lädt die Esplanade zum Flanieren ein.

Mi–So 10–17 Uhr | Eintritt 6 Euro | Kammerhofgasse 8 | www.museen. gmunden.at

SCHLOSS ORTH

Das Seeschloss aus dem 11. Jh., bekannt aus der TV-Serie „Schloss-hotel Orth", gilt als Wahrzeichen des oberösterreichischen Salzkammerguts. In Wirklichkeit ist es freilich

Schloss Orth – mittelalterliches Kleinod im Traunsee

■ SEHENSWERTES ■

KAMMERHOF-MUSEEN

Im ehemaligen Salzamt ist heute ein modernes Museum untergebracht, das in 14 Schauräumen verschiedene Themenbereiche abdeckt; der rote Faden durch die Sammlung ist der Werkstoff Keramik. Sehr skurril darunter die Sanitärausstellung „Klo & So". *Juni–Aug. Di–So, Sept.–Mai*

kein Hotel, sondern mit Standesamt, Kapelle und Schiffsanlegestelle eine beliebte Hochzeitslocation.

■ ESSEN & TRINKEN ■

GRELLINGER

Klassische Konditorei, in der Sie die Gmundner Torte probieren sollten. *Sept.–Juni Mi geschl. | Franz-Jo-seph-Platz 6 | Tel. 07612/641 53*

RESTAURANT ORTHER STUB'N

Im Seeschloss ist auch ein Restaurant untergebracht. In herrschaftlichem Ambiente werden fangfrische Fische und regionale Köstlichkeiten kredenzt. *Tgl., Okt.–Ende April Mo geschl. | Tel. 07612/624 99 | www. schlossorth.com | €€*

■ EINKAUFEN ■

Gmundner Keramik (1. und 2. Wahl) können Sie direkt in der Manufaktur *(Keramikstr. 24)* erstehen.

■ ÜBERNACHTEN ■

GRÜNBERG 🔊

Günstige Lage am See und gutes Preis-Leistungs-Verhältnis. *33 Zi. und Familienapartments | Traunsteinstr. 109 | Tel. 07612/777 00 | www.gruenberg.at | €€*

■ FREIZEIT & SPORT ■

Segler finden auf dem Traun- und Attersee beste Bedingungen vor, Golfer in Bad Ischl und Fuschl. Wandermöglichkeiten auf Traunstein und Grünberg. Der 1594 m hohe Feuerkogel bei Ebensee zieht Drachenflieger und Paraglider an.

■ AUSKUNFT ■

FERIENREGION TRAUNSEE/ TOURISMUSBÜRO GMUNDEN

Rathausplatz 1 | 4810 Gmunden | Tel. 07612/65752, 07614/8397 | www. traunsee.at

■ ZIELE IN DER UMGEBUNG ■

ATTERSEE   [118 B–C5–6]

Der Attersee, das „Meer der Linzer", ist einer der größten Badeseen Österreichs. Die imposante Kulisse des Höllengebirges zeigt sich am eindrucksvollsten vom See aus. *Unterach* ist für die Pfahlbauten, die auf eine frühe Besiedelung hinweisen, bekannt und *Steinbach* für das Komponierhäuschen von Gustav Mahler, der hier mehrere Sommer verbrachte. Kaiserlich diniert man im K.u.K-Restaurant im <mark>Kaisergasthof</mark> *(tgl. 9–14 und 18–24 Uhr, Sa/So durchgehend, Okt.–Mai Mo/Di geschl. | Weyregger Str. 75 | Weyregg | Tel. 07664/22 02 | www.kaisergasthof.at | €€)* ganz klassisch etwa Kaiserschöberlsuppe, Alt-Wiener Tafelspitz und Apfelstrudel. Im Haus ist auch ein kleines *Habsburgermuseum* untergebracht. *31 km entfernt*

Insider Tipp

MARCO POLO HIGHLIGHTS

⭐ **Hallstatt**
Idyllischer Ort im Zeichen des Salzes (Seite 74)

⭐ **Lentos Kunstmuseum**
Gläserne Schatulle für moderne Kunst am Ufer der Donau in Linz (Seite 75)

⭐ **St. Florian**
Augustinerstift, in dem Anton Bruckner wirkte und begraben liegt (Seite 78)

⭐ **Festung Hohensalzburg**
Die mächtige mittelalterliche Festung thront über der Festspielstadt (Seite 78)

⭐ **Mozarts Geburtshaus**
Das Haus in der Getreidegasse ist ein Muss für Musikliebhaber (Seite 79)

⭐ **Krimmler Wasserfälle**
Beeindruckendes Naturschauspiel im Nationalpark Hohe Tauern (Seite 81)

BAD ISCHL [118 C6]

Die Kur- und Operettenstadt (14000 Ew.) lebt auch heute noch vom k.u.k. Flair. In der ehemaligen *Kaiservilla,* die voller Erinnerungen an Kaiser Franz Joseph und seine Sisi ist *(April–Okt. tgl., Jan.–März Mi 10 bis 16 Uhr | 12 Euro | www.kaiservilla.com),* wohnt mit Markus Habsburg ein Ur-Enkel von Kaiser Franz Joseph. Legendär ist die *Konditorei Zauner,* im Sommer sitzt man direkt an der Traunesplanade und lässt sich den **Insider Tipp** Zaunerstollen schmecken, der nach einem Geheimrezept hergestellt ist. Zum Entspannen lädt die *Eurotherme (www.eurothermen.at).* Wer im Hotel *Goldenes Schiff* absteigt *(56 Zi. | Adalbert-Stifter-Kai 3 | Tel. 06132/242 41 | www.goldenes-schiff. at | €€)* kommt auch kulinarisch auf seine Kosten, das Restaurant ist weithin bekannt. *35 km entfernt*

HALLSTATT ⭐ [126 A1]

Der Ort (1500 Ew.), laut Alexander von Humboldt der „schönste Seeort der Welt", liegt idyllisch zwischen See und hoch aufragenden Steilwänden. Hallstatt ist auch kulturhistorisch bedeutend: Das Gräberfeld über dem Ort gab einer ganzen Epoche der Eisenzeit ihren Namen. Das Salzbergwerk daneben ist seit über 3500 Jahren in Betrieb (Bergwerkstouren, *www.salzwelten.at*). Hallstatt steht im Mittelpunkt der Unesco-Welterberegion Inneres Salzkammergut/Dachstein. Im sympathischen **Insider Tipp** *Bräugasthof* gibt es verfeinerte Hausmannsküche, wohnen kann man hier auch vortrefflich *(Seestr. 120 | Tel. 06134/ 82 21 | www.brauhaus-lobisser.com | €€).* Es lohnt die Weiterfahrt nach Obertraun, von wo man mit der Seilbahn zum 🔆 *Krippenstein* mit seiner sensationellen „5-Fingers"-Aussichtsplattform hochfährt, die mit fünf Stegen wie eine Hand über einen 400 m tiefen Abgrund ragt *(www. dachsteinwelterbe.at).* *54 km entfernt*

ST. WOLFGANG [118 B6]

Einst ein wichtiger Wallfahrtsort, wurde die Gemeinde mit der 1930 uraufgeführten Operette „Im weißen Rössl" von Ralph Benatzky schlagartig berühmt. Sehenswert ist der gotische Pacher-Altar in der Pfarrkirche aus dem 12. Jh. Von dem mit der Zahnradbahn erreichbaren 🔆 *Schafberg* eröffnet sich ein Panorablick übers Salzkammergut. Der familiäre Landgasthof *Leopoldhof* hat einen eigenen Badestrand mit großer Liegewiese direkt am See *(14 Zi. | Ried 8 | Tel. 06138/24 38 | www.leo poldhof.at | €).* *50 km entfernt*

LINZ

[119 D–E4] **Wer mit dem Zug in Linz ankommt, merkt schon am modernen Bahnhof, dass sich in der oberösterreichischen Hauptstadt (190000 Ew.) einiges bewegt.** Österreichs größte und einzige Industriemetropole war 2009 Europäische Kulturhauptstadt. Unerwartet charmant präsentiert sich die Altstadt um den Hauptplatz, der mit 220 x 60 m zu den größten mittelalterlichen Plätzen Österreichs zählt.

■ SEHENSWERTES ■

ALTER DOM

Die Alter Dom genannte Ignatiuskirche war die frühere Bischofskirche, in der Anton Bruckner über zehn

Jahre Organist war. Eindrucksvoller Bau im Stil des italienischen Barock (17. Jh.). *Domgasse 3*

ARS ELECTRONICA CENTER ▶▶
Über 50 interaktive Installationen laden dazu ein, die Cyberwelt von

tieren. Darunter auch Werke aus der weltweit größten Alfred-Kubin-Sammlung. Die Schau wird ca. alle zwei Monate neu zusammengestellt. *Di–Fr 9–18 (Do bis 21), Sa/So 10–17 Uhr | Eintritt 6,50 Euro | Museumstr. 14 | www.landesgalerie.at*

20 m hoch ist die marmorne Dreifaltigkeitssäule auf dem Hauptplatz von Linz

heute und morgen kennenzulernen und auszuprobieren. Hier wird auch das weltweit umfangreichste Archiv zur elektronischen Medienkunst betreut. *Di–Fr 9–17 (Do bis 21), Sa/So 10–18 Uhr | Eintritt 7 Euro | Ars-Electronica-Str. 1 | www.aec.at*

OBERÖSTERREICHISCHES LANDESMUSEUM
Präsentiert werden Werke der Landesgalerie und der Graphischen Sammlung, die die Kunstentwicklung des 20. Jhs. in Oberösterreich repräsen-

LENTOS KUNSTMUSEUM
Das Museum mit dem strengen Korpus aus Glas und Beton, direkt an der Donau gelegen, umfasst eine ansehnliche Sammlung von Werken der klassischen Moderne mit Klimt, Schiele, Kokoschka und Pechstein sowie zeitgenössischer Malerei von u.a. Lassnig, Rainer und Lüpertz. Daneben werden Wechselausstellungen internationaler junger Kunst gezeigt. *Tgl. 10–18 (Do bis 21) Uhr | Eintritt 6,50 Euro | Ernst-Koref-Promenade 1*

VOEST-ALPINE STAHLWELT

Bei der Ausstellung mit Werkstour wirft man einen Blick hinter die Kulissen der Stahlerzeugung und lernt die neuesten Technologien kennen. *Ausstellung: Di–Fr 9 bis 17, Sa/So 10–18 Uhr | 8 Euro | Werkstour: Di–Fr auf Anfrage, Sa/So 12 und 15.30 Uhr | 5 Euro | Voest-Alpine-Str. 4 | www.voestalpine-stahlwelt.at*

■ ESSEN & TRINKEN ■

FREISEDER

Gutbürgerliches Ausflugslokal auf dem Pöstlingberg. Große Auswahl an Hausmannskost und Wiener Küche, Apfelsaft und Most aus eigener Erzeugung. *Mo/Di geschl. | Freisederweg 2 | mit der Pöstlingberg-Bahn zu erreichen | Tel. 0732/73 15 60 | €*

P'AA

Gilt als Österreichs bestes und coolstes Restaurant für Vegetarier und Veganer und für alle, die Wert auf

Zutaten aus biologisch kontrolliertem Anbau legen. *So geschl. | Altstadt 28 | Tel. 0732/77 64 61 | www.paa.cx | €€*

VERDI

Hier erwarten Sie regionale und mediterrane Geschmackserlebnisse, die auch ein Fest fürs Auge sind. Chef Erich Lukas schwört dabei auf erntefrische Zutaten. Besonders schön sitzt es sich auf der Panoramaterrasse. *Di–Sa ab 17 Uhr | Pachmayrstr. 137 | Tel. 0732/73 30 05 | www.verdi. at | €€€*

■ EINKAUFEN ■

Das wichtigste und berühmteste Mitbringsel ist selbstverständlich die Linzer Torte. Die *Landstraße* gilt als die Shoppingmeile. Wer lieber überdacht bummelt, wird in den *Taubenmarkt-Arkaden* fündig.

■ ÜBERNACHTEN ■

DOMHOTEL

In den Farben Hellbau, Weiß und Beige gehaltenes Interieur mit Designanspruch. Die Möbel wurden von heimischen Tischlereibetrieben gefertigt. *40 Zi. | Baumbachstr. 17 | Tel. 0732/77 84 41 | www.cityhotel.at | €€*

PIXELHOTEL

Die einzelnen Zimmer und Suiten liegen gut verteilt über die ganze Stadt: in einem alten Geschäftslokal, in einer Hinterhofwerkstatt oder auf einem Schiff. Ein Pixel ist die kleinste Einheit des Hotels. Es bietet den Komfort eines Hotelzimmers, für das Frühstück muss sich der Gast in die jeweils umliegenden Kaffeehäuser begeben. *5 Zi. | Tel. 0650/743 79 53 | www.pixelhotel.at | €€*

■ AM ABEND ■

Die Hotspots der Nacht wie das hippe ▶▶ *Vanilli* oder die Cocktailbar *Herberstein* liegen zwischen Hauptplatz und Schlossberg. Der *Posthof (Posthofstr. 43 | www.posthof.at)* ist *der* Linzer Veranstaltungsort, und im *U/ Hof (Landstr. 31 | www.uhof.at)* wird „junges" Theater gemacht.

■ AUSKUNFT ■

TOURIST INFORMATION
Hauptplatz 1 | Tel. 0732/70 70 20 09 | www.linz.at

■ ZIELE IN DER UMGEBUNG ■

BÖHMERWALD   [118–119 C–D2]

Im Grenzgebiet zu Tschechien und Bayern bestimmen die sanften Formen des Böhmerwaldes die Landschaft. Die Gegend lädt zum Abschalten und Wandern ein – entlang des Schwarzenbergschen Schwemmkanals oder zum Nachbarn an den Moldaustausee. Im Winter gibt es ein sehr familiäres Skigebiet *(Hochficht),* ein tolles nordisches Zentrum *(Schöneben)* sowie die Möglichkeit, mit Hundeschlitten zu fahren *(Aigen).* *www.boehmerwald.at | 55 km entfernt*

ENNS   [119 E4]

Das Wahrzeichen der ältesten Stadt Österreichs ist der 60 m hohe ✼ *Stadtturm* aus dem 16. Jh., über 165 Stufen zu erklimmen. Reste des ehemaligen Römerlagers mit Stadtrecht aus 212 n.Chr. werden im *Museum Lauriacum* gezeigt *(Mai–Sept. Mo bis Fr 9–18, Sa/So 10–12, 14–16 Uhr, im Winter eingeschränkte Öffnungszeiten | Eintritt 5 Euro | www.museumlauriacum.at).* Die *Ennser Pfandlstube* ist für ihre Backhendln bekannt

(Di geschl., Mi erst ab 16 Uhr | Mauthausner Str. 55 | Tel. 07223/ 838 75 | €). 27 km entfernt

STEYR   [119 E5]

Der historische Stadtkern von Steyr steht auf einer Landzunge am Zusam-

Ladenpassage an der Linzer Landstraße

menfluss von Steyr und Enns. Deutlich zeigt sich der über Jahrhunderte gewachsene Reichtum der Stadt, die lange ein Zentrum der Eisenverarbeitung war. Repräsentative Bürgerhäuser von der Gotik bis zum Rokoko, besonders schön am Rathaus zu sehen, prägen das Stadtbild. Steyr ist auch heute noch Sitz bedeutender Industriebetriebe. *43 km entfernt*

ST. FLORIAN ⭐ [119 E4]

Das Stift der Augustiner Chorherren, 1071 gegründet, zählt zu den eindrucksvollsten Klosterbauten Österreichs. Im Mittelpunkt stehen die zweitürmige Stiftskirche, fertiggestellt von Jakob Prandtauer, der Bibliotheksflügel und der Marmorsaal mit Fresken von Altomonte. Anton Bruckners Leben ist eng mit dem Stift verbunden, wo er Sängerknabe war und als Organist wirkte. *Mitte Mai bis Mitte Okt. So/Mo, Mi–Fr 14.30 Uhr Orgelkonzert (4 Euro). 20 km entfernt*

SALZBURG

[118 A6] **Salzburg (168 000 Ew.) ist Mozart, Jedermann, Unesco-Welterbe. Salzburg, das bedeutet mächtige Kirchen und prächtige Palais, enge Gassen und stille Winkel.** Ein Blick von der Festung oder von der Terrasse des Museums der Moderne auf dem Mönchsberg zeigt, wie schön diese Stadt und das Umland sind. Es war das Salz, das der Region und der Stadt den Namen gegeben hat. Wo schon Kelten und Römer ihre Kultstätten hatten, siedelten sich später christliche Missionare an. Die Fürsterzbischöfe haben die Stadt zu dem gemacht, was sie ist, allen voran Wolf Dietrich von Raitenau, der Salzburg barockisierte.

■ SEHENSWERTES ■

DOM

Der von Santino Solari geschaffene frühbarocke Bau fasst über 10 000 Menschen. Auffällig ist die helle Innenraumgestaltung, die durch die 75 m hohe Kuppel unterstrichen wird. Die zweitürmige Fassade bietet die beeindruckende Kulisse für die Aufführungen des „Jedermann". *Residenzplatz/Kapitelplatz*

FESTUNG HOHENSALZBURG

Sie thront auf einem 199 m hohen Dolomitstock und wurde im Laufe

In der Getreidegasse 9 wurde Wolfgang Amadeus Mozart 1756 geboren

von 600 Jahren zu einer der größten Burganlagen Mitteleuropas ausgebaut. Die schönsten Räume wie Goldene Stube, Goldener Saal und Festungskirche sind nur mit Führungen zu besichtigen. *Mai–Sept. tgl. 9–19, Okt.–April 9–17 Uhr | Eintritt 7,40, mit Festungsbahn 10,50 Euro | www.hohensalzburg.com*

MIRABELL

1606 von Wolf Dietrich für Salome Alt, die Mutter seiner 14 Kinder, errichtetes Palais. Der Garten wurde nach Plänen von Johann Bernhard Fischer von Erlach gestaltet. Im Marmorsaal wird tagsüber geheiratet und abends musiziert. *Marmorsaal Mo/ Di, Do 8–16, Di, Fr 13–16 Uhr; Mirabellgarten 6 Uhr bis Einbruch der Dunkelheit | Eintritt frei*

MOZARTS GEBURTSHAUS ⭐

Das gelb gestrichene Haus in der Getreidegasse ist eine Pilgerstätte für Mozartverehrer. Hier wurde Wolfgang Amadeus am 27. Januar 1756 geboren. In der ehemaligen Wohnung sind originale Musikinstrumente wie Mozarts Kindergeige und Klavichord sowie Möbel, Gemälde und Briefe in Faksimile ausgestellt. *Sept.–Juni tgl. 9–17.30, Juli/Aug. 9–20 Uhr | Eintritt 7 Euro | Getreidegasse 9*

MUSEUM DER MODERNE SALZBURG

Im Bau über der Felsklippe des Mönchsbergs wird neben der internationalen Kunst des 20./21. Jhs. der Schwerpunkt auf zeitgenössische österreichische Künstler gelegt. Im *Rupertinum* sind Zeichnungen und Druckgrafiken u.a. von Klimt und Kokoschka sowie österreichische

Plastik nach 1945 zu sehen. *Beide Di bis So 10–18, Mi bis 20 Uhr | Eintritt 8 (Mönchsberg) bzw. 6 Euro (Rupertinum) | www.museumdermoderne.at*

RESIDENZ

Die Ursprünge der fürsterzbischöflichen Machtzentrale gehen aufs 12. Jh. zurück. Das heutige Erscheinungsbild wurde zwischen dem späten 16. und dem 18. Jh. geprägt. *Tgl. 10–17 Uhr | Eintritt 8,50 Euro | Residenzplatz 1*

SALZBURG MUSEUM NEUE RESIDENZ

Das ehemalige Gästepalais von Wolf Dietrich steht auf der Westseite des Residenzplatzes. Die Sammlung zeigt sich in neuem Look und ist nach den Schwerpunkten Salz, Bischöfe und Mozart geordnet *(Eintritt 7 Euro | Mozartplatz 1 | www.salzburgmuseum.at)*. Im Mittelpunkt des *Panorama Museums (Eingang Residenzplatz 9)* **Insider Tipp** steht das 125 m² große, von Johann Michael Sattler (1786–1847) geschaffene Panoramagemälde von Salzburg *(Eintritt 2 Euro). Beide tgl. 9–17 (Do bis 20) Uhr, Landesmuseum Juli/ Aug., Dez. auch Mo 9–17 Uhr*

SCHLOSS HELLBRUNN

1612 vom Salzburger Fürsterzbischof Markus Sittikus von Hohenems in Auftrag gegeben, der als Liebhaber der italienischen Kunst und Kultur den Dombaumeister Santino Solari mit den Arbeiten betraute. Das Wasser ist ein bestimmendes Gestaltungselement, verborgen im Schatten von Bäumen und Büschen oder aus ungeahnten Verstecken spritzend – die Wasserspiele sind das weltberühmte

Herzstück des Schlosses. *Tgl. 9 bis 16.30, Mai/Juni, Sept. bis 17.30, Juli/Aug. bis 21 Uhr | Eintritt 9,50 Euro | www.hellbrunn.at*

Naturschauspiel im Nationalpark Hohe Tauern: Krimmler Wasserfälle

■ ESSEN & TRINKEN ■

RIEDENBURG
Eines der Restaurant-Glanzlichter der Stadt, was die Qualität des Essens und des Service betrifft. Mittags günstige Menüs, abends Haute Cuisine. *Während der Festspiele tgl., sonst So/Mo geschl. | Neutorstr. 31 | Tel. 0662/83 08 15 | www.riedenburg.at | €€–€€€*

ZUM FIDELEN AFFEN
Bierlokal mit deftiger Küche in altem Gemäuer. *Mo–Sa ab 17 Uhr | Priesterhausgasse 8 | Tel. 0662/87 73 61 | €*

■ ÜBERNACHTEN ■

ALL YOU NEED HOTEL SALZBURG
Insi Tip

Gutes Preis-Leistungs-Verhältnis und tolle Sonderangebote. *69 Zi. | Glockengasse 4b | Tel. 0662/87 51 59 | www.allyouneedhotels.at | €*

BLAUE GANS
Trendiges Arthotel vis-à-vis vom Festspielhaus. Coole, aber nicht sehr große Zimmer. *40 Zi. | Getreidegasse 41–43 | Tel. 0662/84 24 91 50 | www.blauegans.at | €€€*

■ AM ABEND ■

Vergnüglicher Start auf der Dachterrasse des ▶▶ *Hotels Stein* an der Staatsbrücke. In der Nähe, beidseits der Salzach, erstreckt sich die Lokalmeile bis zum Mozartsteg. Im *Republic* am Anton-Neumayr-Platz und drumherum wird die Nacht zum Tag. Das *Half Moon* (Gstättengasse 4–6) ist für junges Publikum. Im *Jazzit:Musik:Club* (Elisabethstr. 11), im *Aperitivo* (Rudolfskai 26) und im *Rockhouse* (Schallmooser Hauptstr. 46) ist bis auf So täglich was los.

■ AUSKUNFT ■

TOURISMUS SALZBURG GMBH
Auerspergstr. 6 | 5020 Salzburg | Tel. 0662/88 98 70 | Mozartplatz 5 | Tel. 0662/88 98 73 30 | www.salzburg.info

■ ZIELE IN DER UMGEBUNG ■

HALLEIN
[118 A6]

Die alte Salinenstadt an der Salzach ist Ausgangspunkt für die Fahrt auf